Häuser aus Holz

Häuser aus Holz

Innenausbau, Möbel, Dekoration

Judith Miller

Fotografien von James Merrell

monte von DUMONT

Die Deutsche Bibliothek -
CIP-Einheitsaufnahme

Häuser aus Holz: Innenausbau, Möbel, Dekoration / Judith Miller. Fotogr. von James Merrell. [Aus dem Engl. von Marcus Würmli]. – Köln: DuMont, 2000 (Monte von DuMont)
Einheitssacht.: Wooden houses ‹dt.›
ISBN 3-7701-8608-7

Originaltitel: Wooden Houses. From Log Cabins to Beach Houses

Aus dem Englischen von Marcus Würmli
Redaktion und Satz der deutschsprachigen Ausgabe: Marcus Würmli
Umschlagabbildungen: James Merrell
Umschlaggestaltung: Nicole Hardegen, Köln

Printed and bound in China
ISBN 3-7701-8608-7

Inhalt

Vorwort

Die Natur des Holzes

Holz besitzt Eigenschaften, die kein anderes Baumaterial aufzuweisen hat. Mit seinen warmen Farben, den charakteristischen Formen und Strukturen sorgt es in seiner Umgebung für ein besonderes Flair. Es ist fest und stabil, gleichzeitig aber auch biegsam und hält Zug wie Druck sehr gut aus. Damit eignet es sich nicht nur für tragende Bauteile, sondern auch für Böden, Treppen, Wandverkleidungen, Fenster, Türen und Möbel. Mit Wachs, Beize oder Lack behandeltes Holz zeigt seine Strukturen und Maserungen besonders gut. In einem Raum, dessen Wände, Boden, Türen, Fensterrahmen, Stühle und Tische aus Holz bestehen, erzeugen die zahlreichen Nuancen von Farbe, Licht und Schatten überraschende optische Effekte.

In waldreichen Ländern ist das Bauen mit Holz seit jeher Tradition. Aus diesem Know-how schöpfen heute noch Architekturstudenten, wenn es um die Eigenschaften des Holzes geht: Wie wird Holz geschnitten? Gibt es einen Unterschied zwischen maschinen- und handgesägtem Holz? Wie wird Holz getrocknet, und wie wirken sich Sonne und Wetter aus? Welche Holzarten eignen sich am besten für die Außenverkleidung und welche für die Innenräume? Und wie kann man diese einzigartigen Merkmale nutzen, um die Entwürfe zu unterstreichen? Viele Einzelheiten der zeitgenössischen Holzarchitektur finden sich schon in den Häusern unserer Vorfahren. Doch auch die heutige Gesellschaft setzt sich in der Holzbaukunst ein Denkmal, indem sie die Traditionen der Alten Welt mit den neuesten Fortschritten der Technologie verschmilzt.

Das vorliegende Buch versucht, das Holzhaus in einen historischen und sozialen Zusammenhang zu stellen. Es spürt der Entwicklung der verschiedenen Bauweisen und Einrichtungsstile über die Jahrhunderte nach und zeigt die Bedeutung des Holzes in der internationalen Architekturgeschichte.

Judith Miller

Bauen mit Holz

Auf der ganzen Welt hat Holz in der Geschichte der Menschen und Kulturen eine grundlegende Rolle gespielt. Sobald der Mensch das Feuer kannte, verbrannte er Holz, um es warm und hell zu haben und um sich sein Essen zuzubereiten. Holz ist auch ein außerordentlich vielseitiger Rohstoff zur Herstellung zahlreicher Geräte. Man kann damit Möbel zimmern, Schiffe und Häuser bauen. Aufgrund seiner technischen und ästhetischen Qualitäten wurde das Holz durch alle Jahrhunderte hinweg genutzt, wobei immer wieder neue Techniken, Designs und Oberflächenbehandlungen entwickelt wurden.

Bis ins 19. Jahrhundert hinein war ein großer Teil der Bevölkerung Europas und Skandinaviens beim Bau von Häusern weitgehend auf Holz angewiesen. Dies änderte sich erst während der industriellen Revolution im 18. und 19. Jahrhundert, als die Techniken der Massenproduktion entwickelt wurden. Vor dem 18. Jahrhundert wurden Ziegel und Backsteine in verhältnismäßig kleinen Mengen hergestellt. Wegen ihres Gewichts waren sie auch nur schwer über größere Entfernungen hin zu transportieren. Das änderte sich erst mit dem Ausbau des Schienennetzes. Im allgemeinen konnten sich deswegen nur die Reichen Ziegelhäuser leisten. Ähnliches galt auch für den Stein als Baumaterial. Abgesehen von Gebieten, in denen es reichlich Bausteine gab, waren mit dem Abbau und dem Transport hohe Kosten verbunden. Deshalb verbaute man Steine hauptsächlich bei öffentlichen Gebäuden und Kirchen sowie bei Schlössern und Burgen. Holz hingegen war in den meisten Gebieten Europas reichlich vorhanden. So baute man in ländlichen wie in städtischen Gebieten die Häuser ganz oder teilweise aus Holz.

In ländlichen, dicht bewaldeten Gebieten wie in Schweden und Norwegen, den schweizerischen und österreichischen Alpen, in Mittel- und Ostdeutschland wurden viele Häuser in Blockbauweise errichtet. Ihre Wände bestehen aus Hölzern mit einem runden oder vierkantigen Querschnitt. Sie liegen waagrecht übereinander, stehen an den Ecken über und sind dort miteinander verbunden. Diese massiven Hölzer speichern Wärme und sorgen für eine sehr gute Isolierung. Schwierigkeiten machte allerdings das Abdichten der Fugen. In städtischen Gebieten und in ländlichen Bereichen mit weniger Wald war diese Blockbauweise jedoch zu aufwendig: Es gab nicht genügend Holz, oder der Blockbau war zu teuer oder zu zeitaufwendig. So war man gezwungen, sparsamere Holzbauweisen zu entwickeln.

Für den Bau europäischer Skeletthäuser vor der industriellen Revolution brauchte man im Mittel nur zwei Fünftel der Holzmenge, die man für ein gleich großes Haus in Blockbauweise aufwenden mußte. Auch wenn es unterschiedliche Verfahren der Skelettbauweise gab, zum Beispiel den Fachwerk- und Rahmenbau, so blieben doch die grundlegenden Bauprinzipien dieselben: Die tragende Funktion übernimmt ein Gerippe aus miteinander verbundenen senkrechten Ständern und waagrechten Balken. Zur Versteifung dieser Rahmen dienen schräge Bauglieder, die Streben. Dazu kommen die vielfältigen Dachkonstruktionen mit Pfetten, Sparren und anderen Elementen. Die Zwischenräume zwischen diesen tragenden Elementen, die sogenannten Fache oder Gefache, werden mit Flechtwerk und Bewurf, Latten und Putz oder mit Backsteinen ausgefüllt. Die Dächer bestanden aus Stroh, Ziegeln sowie aus hölzernen Schindeln. Die Mehrzahl der frühen europäischen Holzhäuser in Skelettbauweise waren Fachwerkhäuser. Die senkrechten Pfosten oder Ständer, die waagrechten Schwellen und Rahmen sowie die Querverbindungen, die Riegel, blieben dabei unverkleidet. Die zunächst rein technisch bedingte Fachwerkstruktur ist dabei von großer ornamentaler Wirkung. Später verkleidete man viele dieser Häuser mit einer

Schalung aus waagrechten übereinandergreifenden Brettern. Sie diente als Schutz vor der Witterung und bot eine bessere Isolierung. Dieses Verfahren wurde in Skandinavien entwickelt, wo man diese Stülpschalung oft gleich beim Neubau anbrachte.

Obwohl die Indianer über eine lange Tradition des Bauens mit Holz verfügten, gelangten die Techniken für den Bau von Block- und Skeletthäusern von Europa nach Amerika. Im 17. und 18. Jahrhundert wanderten viele europäische und skandinavische Zimmerer in die neuen Kolonien in Nordamerika aus. Ihre Fähigkeiten waren bei der rasch wachsenden Bevölkerung auf einem Kontinent mit derart riesigen Holzvorräten sehr gesucht. So entstanden in den USA zahlreiche Holzhäuser in verschiedenen Bauweisen, wie dies zuvor in Skandinavien und im westlichen Europa der Fall gewesen war. Zu Beginn des 19. Jahrhunderts wurde in Chicago ein revolutionäres Verfahren zum Bau holzverschalter Skeletthäuser entwickelt. Entscheidend dafür war die Massenproduktion billiger Nägel, die man zuvor hatte von Hand schmieden müssen und die deshalb sehr teuer waren. Auch standen nun mechanisch gesägte Bohlen und Bretter in großer Menge zur Verfügung. Bei dieser neuartigen amerikanischen Rahmenbauweise war es nicht mehr notwendig, die senkrechten und waagrechten Elemente des Rahmens mit Zapfen und Schlitzen miteinander zu verbinden, sondern man befestigte sie mit Nägeln. Bald wurde der Bau von Holzhäusern nicht nur einfacher, sonders auch schneller und billiger. Die größere technische Flexibilität ermöglichte es zudem Architekten und Bauherren, Häuser in einer großen Zahl zeitgenössischer und historisierender Stile zu errichten. Sogar in Australien und Neuseeland breiteten sich diese Skelett- oder Rahmenbauten mit den Einwanderern aus.

In vielerlei Hinsicht erwies sich die industrielle Revolution im Hinblick auf den Bau von Holzhäusern in Europa als zweischneidiges Schwert. Auf der einen Seite waren die Holzvorräte im Schwinden begriffen, so daß Ziegel das Holz als wichtigstes Material für den Bau von Wohnhäusern ablösten. Auf der anderen Seite ging die Herstellung von Einbauteilen aus Holz, etwa von Türen, Fenstern, Parkettböden, Treppen und Paneelen, ungehindert weiter und profitierte von der Mechanisierung in der Holzindustrie. Im größten Teil Skandinaviens und in vielen Gegenden der USA, wo es immer genügend Holz gab, wurden aufgrund der expandierenden Holzindustrie weiterhin Holzhäuser im Block- oder Rahmenbau errichtet. So erklärt es sich, daß die Mehrzahl der Wohnhäuser in den USA heute aus Holz besteht.

Das Leben in einem Holzhaus symbolisiert das Wiederaufleben eines vortechnologischen Zeitalters und eine Harmonie mit der Natur.

Im 19. und 20. Jahrhundert wurden weitere, angeblich dauerhaftere Baumaterialien entwickelt, die dem Holz die führende Stellung streitig machten. Bald wurde Beton der wichtigste Baustoff. Er ist billiger als Holz und Backsteine und auch vielseitiger verwendbar, da er sich in jede beliebige Form gießen läßt. Durch Armierung mit Stahlstäben wird er auch extrem widerstandsfähig. Der anfängliche Optimismus im Hinblick auf dessen Dauerhaftigkeit erlitt allerdings einen schweren Dämpfer, als man entdeckte, daß Stahlbeton in relativ kurzer Zeit durch Korrosion zerstört werden kann. Mit Ausnahme überzeugter Modernisten hielt sich die Begeisterung über die visuellen Qualitäten des Betons in Wohnhäusern in recht engen Grenzen.

Es ist sicher kein Zufall, daß die Ablehnung, die viele Menschen in der zweiten Hälfte unseres Jahrhunderts im Hinblick auf ihre Betonhäuser äußern, parallel verläuft zu einer erneuten Wertschätzung der bautechnischen und ästhetischen Qualitäten des Holzes und damit traditioneller Block- und Skeletthäuser. Seit den frühen siebziger Jahren erlebten Holzhäuser unter dem Einfluß postmoderner Architekten durch verstärkte Nachfrage einen Boom. Für zeitgenössische Architekten ist das Bauen mit Holz deswegen so attraktiv, weil sie dabei die Gelegenheit haben, die Vielseitigkeit eines organischen statt eines synthetischen Materials auszuloten. So mancher Hausbesitzer hat auch viel tiefer gehende Gründe dafür, daß er in einem Holzhaus wohnen möchte. Für ihn symbolisiert dies das Wiederaufleben eines vorindustriellen und vortechnologischen Zeitalters, bei dem traditionelle Verfahren und handwerkliche Fertigkeiten in Harmonie mit der Natur stehen.

Holzhaustypen

Wenn von Holzhäusern die Rede ist, stellt sich jeder einen ganz anderen Architekturstil vor, je nachdem, wo er lebt, in was für einem Haus er aufgewachsen ist und welche Länder er schon besucht hat. Viele verstehen unter einem Holzhaus eine rustikale Blockhütte in der Wildnis oder ein traditionelles skandinavisches Bauernhaus oder ein altes Schweizer Chalet. Vor allem die Amerikaner stellen sich darunter ein holzverschaltes Haus vor – in den Vorstädten großer Metropolen, in kleinen Küstenstädten Neuenglands oder in mondänen Ferienorten in den Rocky Mountains. Die architektonische Vielfalt im Holzbau reicht vom prächtigen skandinavischen Bauernhaus aus zubehauenen Balken in Blockbauweise

Restauriert von Stephen Mack

über die mittelalterlichen Fachwerkbauten im deutschen und englischen Raum bis zu den formal durchgestalteten frühklassizistischen Häusern in der Neuen Welt mit ihren umfangreichen überdachten Veranden. Gemeinsam ist diesen Stilen nur die Verwendung von Holz für die tragenden Teile sowie für Böden, Wände und Decken. Die Holzarten unterscheiden sich je nach Land und Region, doch die Qualität des Rohstoffs spricht überall für sich selbst. Daß natürliches Holz, das aus lebenden Wäldern gewonnen wird, sich in einer solchen Vielzahl von Architekturstilen manifestiert, zeugt vom Ideenreichtum und von den praktischen handwerklichen Fähigkeiten der Architekten und Zimmerleute jedes Zeitalters.

Häuser in Blockbauweise

Die Blockbauweise besteht darin, daß Balken oder Stämme in einem rechten Winkel waagrecht aufeinander gelegt und an den Enden miteinander verbunden werden. Es handelt sich um eine sehr alte Häuserform. Schon der römische Architekt Vitruv zu Beginn des 1. Jahrhunderts vor Christus berichtete von ihr. Obwohl es sich um eine recht primitive Bauweise handelt, hat sie doch in waldreichen Gebieten der ganzen Welt zwei Jahrtausende überlebt. Allerdings wurden in dieser Zeit auch raffiniertere und weniger teure Holzbauweisen entwickelt. Es läßt sich aber nicht leugnen, daß wir Blockhäuser als ausgesprochen romantisch empfinden. In den USA spielt die idealistische Meinung über das Blockhaus und die damit verbundene Lebensweise bis heute eine ganz besondere Rolle und ist tief in der Volksseele und in der Kulturgeschichte dieses Landes verwurzelt.

Links Dieser Blockbau in Aspen, Colorado, USA, ist von christlichen Kirchen, japanischen Shintoschreinen und den Great Camps der Adirondack Mountains in New York beeinflußt. Er erinnert mit seinen mächtigen, roh zubehauenen Lärchenstämmen und der viel feineren Schalung aus amerikanischer Zeder an einen Holztempel.

Rechts Bauernhäuser in Blockbauweise aus dem frühen 18. Jh. in Telemark, Norwegen.

Die Blockbauweise entstand in den dicht bewaldeten Gebieten Nordeuropas und Rußlands. Bis in die zweite Hälfte des vorigen Jahrhunderts hinein standen hinter dieser Bauweise eher praktische als ästhetische Gründe. Als die Jagd die stetig wachsende Bevölkerung nicht mehr mit genügend Fleisch und Leder versorgen konnte, wurden die Wälder gerodet, um Platz für Viehzucht und Ackerbau zu schaffen. Die gefällten Bäume verwendete man zum Bau von Wohn- und Vorratshäusern. Obwohl Blockbauten mehr als doppelt so viel Holz verbrauchen wie gleich große

Rechts *Ein Bauernhaus aus dem 18. Jh., das vom Dorf Chatel in die Umgebung von Megève in Frankreich umgesiedelt wurde. Hier restaurieren Zimmermeister Blockhäuser mit altem Holz und traditionellen Verfahren.*

Links und oben *Konstruktionsdetails zweier mittelalterlicher Blockhäuser in Telemark, Norwegen. Die Nadelholzstämme wurden nach dem typisch nordischen Verfahren auf der Unterseite so zubehauen, daß eine lückenlose Verbindung mit dem darunter liegenden Stamm besteht. Die Fugen dichtete man mit Moos, Erde oder Stoffstücken ab. Die Enden der Stämme sind senkrecht und in gleicher Ebene abgeschnitten.*

Holzhäuser in Skelettbauweise, konnte man mit diesem Verfahren in viel kürzerer Zeit Häuser bauen, denn man mußte die Stämme nur grob glätten und übereinander legen. Vor dem Aufkommen mechanisierter Sägemühlen war der Skelettbau sehr viel arbeitsintensiver.

Blockhäuser hielten sich länger in Gebieten mit extremem Klima. Sofern sie an den Ecken gut miteinander verbunden und

Links und rechts *Zwei restaurierte savoyardische Bauernhäuser aus dem 18. Jh. Sie wurden aus zugeschnittenen, an allen vier Seiten abgeflachten Balken errichtet. Diese traditionelle Technik hat sich seit dem Mittelalter kaum verändert.*

Unten *Ein mittelalterlicher Speicher in Telemark, errichtet aus viereckigen Balken auf einer steinernen Basis aus der Zeit vor der Pest von 1350. Diese Scheunen waren die ersten zweistöckigen Gebäude in norwegischen Dörfern. Ungefähr 130 sind erhalten, davon 70 allein in diesem Tal.*

die Fugen richtig abgedichtet waren, boten sie eine bessere Isolierung: Sie waren im Winter wärmer und im Sommer kühler als Häuser in Skelettbauweise. Je mehr Masse die bauliche Struktur umfaßt, um so weniger ausgeprägt sind Temperaturschwankungen. Wenn die Temperatur nachts fällt, bleibt die Wärme im Hausinneren zunächst gefangen, weil sich die dicken Balken oder

Links und rechts
Zwei Chalets in Megève, erbaut im traditionellen Stil aus neuen viereckigen Balken. Die weit vorkragenden Dächer, die von einfachen hölzernen Konsolen gestützt werden, schützen das Holz der Wände vor Wasser und Fäulnis. Jedes Fenster hat außen massive isolierende Fensterläden.

In kalten Gebieten Europas und Skandinaviens isolierten massive Holzwände gut gegen die tiefen Wintertemperaturen.

Stämme erst abkühlen müssen. Wenn die Außentemperatur steigt, brauchen die Holzwände lange, um sich aufzuwärmen, und kühlen somit das Innere. In diesen Gebieten waren die Fenster in den Blockbauten klein und nach Süden ausgerichtet. Oft hatten sie Fensterläden. Die Dächer kragten weit vor, um größere Schneeansammlungen zu vermeiden. Viele Dächer wurden zusätzlich mit Birkenrinden oder Torfsoden isoliert. Tagsüber brannte zum Heizen und Kochen ein Feuer in einer großen steinernen Feuerstelle, die ihre Wärme auch in der Nacht abstrahlte. Im Sommer wurden Fensterläden und Fenster geöffnet, bisweilen entfernte man auch die Abdichtung aus Moos oder Torf zwischen den Stämmen.

Unten *Eine mittelalterliche Scheune in Frøland, Norwegen. Der obere Stock diente als Gästehaus oder Schlafplatz im Sommer.*

Ganz unten links *Ein Speicher – örtlich „bur“ – in Telemark, nach schweizerischem Vorbild im späten 19. Jh. gebaut.*

Ganz unten rechts *Ein Holzhaus aus Balken, erbaut um 1775 von einem deutschen Einwanderer in Elverum, Norwegen.*

Weichhölzer wie Birke, Amerikanische Zeder, Fichte, Tanne und Kiefer wurden beim Blockbau seit jeher Harthölzern vorgezogen, weil sie schneller wachsen und leichter zu schneiden, zu bearbeiten und zu beizen sind. Meistens entfernte man die Rinde und die Bastschicht. Doch im Wilden Westen Amerikas beließ man oft beide auf dem Stamm, weil man schnell bauen mußte und es wenig Arbeitskräfte gab. Solche Stämme verrotteten aber schneller, weil sie die Feuchtigkeit speicherten. Die meisten Stämme werden heute in der Sägemühle geschält und auf einheitlichen Durchmesser gebracht. Stämme mit der Rinde sind heute unüblich und werden eigens nur dafür gewählt, den rustikalen Aspekt eines Hauses zu verstärken. Einen Kompromiß erreicht man, indem man die Rinde ganz, die Bastschicht aber nur teilweise entfernt, so daß eine natürlich wirkende gemaserte Oberfläche zurückbleibt.

Ein weiteres Element, das für das Aussehen eines Blockhauses bestimmend ist, liegt im Profil der für die Wände verbauten Hölzer. Dabei gibt es zahlreiche Möglichkeiten: vollrunde Stämme oder an vier Seiten abgeflachte Balken; an den Seiten abgeflacht, oben und unten rund; oben und unten flach und die Seiten rund; oben und an den Seiten rund, die Unterseite jedoch so ausgekehlt, daß sich der Stamm darunter gut einfügt; oben, unten und auf der Innenseite abgeflacht, die Außenseite rund.

Unten *Zweistöckiges Blockhaus eines Farmarbeiters, erbaut um 1830 in der Nähe von Elverum. Elverum war ein Handelszentrum, und unter dem Einfluß dieser internationalen Beziehungen strich der Besitzer sein Haus an.*

Links *Ein Bauernhauskomplex aus Rendalen, einem reichen Tal östlich von Østerdalen in Norwegen. Die Gebäude befinden sich heute im Glomsdalsmuseet in Elverum. Das Barfrøstua, das Winterhaus, das auch einen Glockenturm besaß, wurde um 1730 errichtet.*

Unten *Das Bauernhaus Synvisgard wurde um 1668 in Os, Norwegen, aus von Hand zubehauenen Stämmen erbaut. Das Innere des Hauses schmückte 1744 ein schwedischer Künstler mit Malereien.*

In weiten Gebieten der USA sind vollrunde Stämme am häufigsten; im Osten der Vereinigten Staaten überwiegen wie in ganz Europa Blockbauten aus Balken mit abgeflachten Seiten. Entscheidend für das Aussehen eines Hauses sind auch Form und Anordnung der Enden der Hölzer, die sich an den Ecken überschneiden. Auch hier unterscheidet man eine große Zahl von Möglichkeiten: Oft sind die Stämme gerade abgeschnitten, sie können aber auch bleistiftartig zugespitzt sein. Die Balken enden alle in derselben Vertikalen oder sind versetzt, und manchmal bilden sie insgesamt einen bogenförmigen Abschluß.

Es gibt zwei traditionelle Methoden, die Stämme aufeinander zu legen. In Skandinavien schnitt man früher in die Unterseite jedes Stammes eine flache U-förmige Kehle, in die die Oberseite des darunterliegenden Holzes paßte. So waren die Hölzer fest miteinander verbunden. Beim Austrocknen zog sich das Holz zusammen, und die Verbindung wurde noch fester. Doch es kostete viel Zeit und Handarbeit, um diese Vertiefungen anzubringen – ganz zu schweigen vom handwerklichen Können. In den USA wurde dieses Verfahren vor der Zeit um 1870 nur

selten angewandt. Doch dann kamen neue mechanische Verfahren zum Entrinden und maschinellen Auskehlen der Stämme auf, die den gesamten Vorgang erleichterten. Oft ließen sich aber Fugen zwischen den einzelnen Hölzern nicht vermeiden. Vor dem 19. Jahrhundert dichtete man sie immer wieder von neuem mit Moos, Torf oder einer mörtelähnlichen Mischung aus Heu, Kiefernzweigen und Lehm ab. Heutige Architekten berücksichtigen die Tatsache, daß sich selbst gut getrocknetes Holz mit der Zeit noch verändert: Es „arbeitet". Sie setzen zum Abdichten neue Acrylkautschuke oder andere Dichtmittel ein, die nicht erhärten und sich somit beim Arbeiten des Holzes mitbewegen.

Bei der Dachkonstruktion gibt es im wesentlichen zwei Möglichkeiten: das Pfettendach und das Sparrendach. Die Pfetten des Pfettendaches verlaufen parallel zum First. Sie sind somit horizontal und liegen auf den Querwänden auf. Die Sparren hingegen verlaufen senkrecht zum First und treffen dort meist paarweise zusammen. Sparrendächer wurden ursprünglich bevorzugt, weil es sich um Kanthölzer handelt, die dünner und kürzer sind als die Pfetten. Sie ließen sich leichter an Ort und Stelle heben. Doch durch das unterschiedliche Absenken des Firstbalkens und der obersten Abschlußhölzer an den Wänden traten oft strukturelle Probleme auf. Heute zieht man Pfettendächer vor, weil man mit

Diese und gegenüberliegende Seite Der Architekt Jim Ruscitto entwarf dieses Haus in Sun Valley, Idaho, USA. Es besteht aus einer Mischung von Stämmen, Verputz, Stein und Glas und nimmt viel Sonnenenergie auf. Es wurde zwischen Birken und Weiden und hohen Grashorsten errichtet. Die Stämme und der maulwurffarbene Verputz passen gut in die Umgebung. Die erdfarbenen Wände wurden über einem kleinen Bach errichtet, wobei die Fundamente von Steinen verdeckt werden. Die Stammenden ragen weit nach vorne und lassen auf diese Weise eine Reihe abgetrennter Bereiche entstehen.

modernen Maschinen die schweren Hölzer leicht hochheben kann und weil sie eben das Absenken leichter abfangen als Sparrendächer.

In modernen Häusern, die in Blockbauweise errichtet wurden, verwenden die Architekten häufig charakteristische Stämme als tragende Elemente im Inneren. Das Wiederaufleben des Ständerbaus erlaubt den Architekten zudem mehr Freiheiten. Für den Ständerbau gibt es zwei Verfahren. Entweder bestehen die Wände nur aus senkrechten Pfosten, zwischen welche vollrunde oder auf zwei oder mehr Seiten abgeflachte Stämme gesetzt werden. Oder man baut ein tragendes Ständergerüst und kleidet die Gefache dazwischen mit einem anderen Material aus. Da bei vielen modernen Strukturen größere Weiten überspannt werden, sichert man das Rahmenwerk und das Ständergerüst mit Stiften und Schrauben aus Stahl.

Obwohl moderne Häuser in Blockbauweise oft ein völlig neues Design aufweisen, ist der Einfluß traditioneller Blockhäuser wie der Blockhütten der frühen amerikanischen Pioniere nicht zu übersehen. Die weitverbreitete Ansicht, europäische Siedler des 17. Jahrhunderts hätten die Blockbaukonstruktion nach Nordamerika gebracht, ist nicht ganz richtig, denn bereits die indianischen Ureinwohner in den bewaldeten Regionen lebten schon Jahrhunderte vor der Gründung der ersten Kolonien in solchen Häusern und befestigten Dörfern. Es besteht aber kein Zweifel, daß viele Indianer von den europäischen Baustilen und Bauverfahren beeinflußt wurden. In der Mitte der zwanziger Jahre des vorigen Jahrhunderts hatten viele Indianer ihre traditionellen Erdhütten aufgegeben, um in Häusern aus zubehauenen Hölzern zu leben.

Beim Eintreffen der Siedler waren rund 40 Prozent des Landes bewaldet. So ergab sich – auch unter dem harschen Klima – der Blockhausbau von selbst, besonders da die Einwanderer Erfahrung damit hatten. Als sich die Neuzuzügler über den ganzen Kontinent ausbreiteten, wurden Tausende von Wohnhäusern im Blockbau errichtet. Ganz grob kann man sie in zwei Typen einteilen: auf der einen Seite die einfachen Blockbauten der ersten Pioniere, auf der anderen Seite die viel sorgfältiger errichteten Farm- und Jagdhäuser sowie Scheunen aus behauenen Stämmen. Viele Blockhütten wurden von den Pionieren auf ihrem raschen Vormarsch in den Westen eilig zusammengezimmert. Man fügte sie grob aus runden, nicht gelagerten Stämmen zusammen, von denen weder Bast noch Rinde entfernt wurde. Diese Behausungen waren dem Angriff der Elemente ausgesetzt, und nur wenige überlebten mehr als eine oder zwei Generationen. Als größere Siedlungen entstanden, schlug man Wälder, um Platz zu schaffen für Viehzucht, Ackerbau und Bergbau. Dabei baute man dauerhaftere Häuser im allgemeinen aus entrindeten, abgelagerten Stämmen. Man brachte ein Profil an, so daß sie gut aneinander paßten. Im Gegensatz zu den ersten Blockhütten waren die meisten dieser Gebäude ziemlich wetterfest und deutlich haltbarer.

Viele Menschen, die im Lauf des 19. Jahrhunderts nach Australien und Neuseeland eingewandert waren, stießen teilweise auf dicht bewaldete Gebiete. Auch sie mußten sich schnell billige Behausungen bauen, wofür sich der Blockbau besonders anbot. Doch die Maori hatten bereits seit Jahrhunderten ihre Ponga-Häuser nach einem Verfahren gebaut, bei dem waagrecht liegende Baumstämme die Fache zwischen einem Ständergerüst ausfüllten.

Der Bau von Blockhäusern hörte – aus ganz praktischen Gründen – erst auf, als mechanisch betriebene Sägemühlen aufkamen. Mit ihrer Hilfe konnte man die Elemente für einen Skelett- oder Rahmenbau schnell, billig und in großer Menge produzieren. Wo Natur- oder Backsteine nicht zu bekommen oder zu teuer waren, griffen die Bewohner von Waldgebieten auf Skelettkonstruktionen aus Holz zurück. Nicht selten löste man bereits bestehende Blockhäuser auf, gab die Stämme in die Sägemühle und erhielt von ihr die Bauteile für größere, leichtere Skelettkonstruktionen zurück. Trotz des guten Preis-Leistungsverhältnisses von Skelettbauten und ihrer Variabilität in Stil und

Design erlebte der Blockbau zu Ende des 19. Jahrhunderts in den USA eine Renaissance. Der Grund dafür war eher romantischer und ästhetischer als praktischer Natur.

Diese Wiederbelebung begann mit dem Bau der Great Camps in den Adirondack Mountains im Staat New York in der zweiten Hälfte der achtziger Jahre des vorigen Jahrhunderts. Diese Ansiedlungen bestehen aus einer Reihe von massiven Blockhäusern, die Architekten unter der Führung von William West Durant als

Diese und gegenüberliegende Seite Diese Lodge schmiegt sich an den Fuß der Rocky Mountains in der Nähe von Aspen, Colorado. Vorbild waren die Blockhäuser der Great Camps in den Adirondack Mountains. Das Haus wurde mit unbehandelten Kiefernstämmen gebaut, die beim verheerenden Feuer im Yellowstone Nationalpark abgestorben waren. Solche toten Bäume läßt man einige Jahre im Bestand stehen und fällt sie dann. Sie sind gut gelagert, kräftig und umweltfreundlich und werden in den USA oft für den Bau von Blockhäusern verwendet. Die Lodge wurde auf einem Fundament aus massiven Steinblöcken errichtet. Die Fugen zwischen den Außenhölzern wurden mit einem Polymer abgedichtet, um die Schwundbewegungen auszugleichen. Vom Haus, das von Pappeln umgeben ist und in der Umgebung kaum auffällt, blickt man über die North Star Nature Reserve.

Oben Außen dominieren die massiven Stämme. Das Haus ist in mehrere Geschosse unterteilt.

Links In die Lodge gelangt man über eine lange und breite Bohlentreppe mit einem Geländer aus starken Ästen.

modische, rustikale Sommerhäuser für reiche Familien wie die Vanderbilts und die Carnegies entwarfen. Sie holten sich Anregungen aus verschiedenen Quellen, besonders von den Blockhäusern der ersten Pioniere wie Davy Crockett und Daniel Boone, den Holzfäller- und Bergmannscamps der Adirondacks im 18. und 19. Jahrhundert und alpinen Chalets. Mit ihren ungeschälten Stämmen und der Dekoration aus Rinden, Ästen und Zweigen wurden die Great Camps zur Mustersiedlung für ähnliche

Zufluchtsorte im ganzen Land. Diese modernen Holzhäuser waren im Gegensatz zu den Blockhütten des Wilden Westens, denen sie nachempfunden wurden, von Architekten entworfen und stellten teure „Puppenstuben" der Reichen dar. Sie waren aber auch eine Reverenz vor dem alten Pioniergeist und drückten den Wunsch nach einer Rückkehr zu einem einfachen, autarken und ehrlichen Lebensstil aus.

Die Bewegung „Zurück zur Natur", die in den USA im späten 19. Jahrhundert entstanden war, erlebte in den sechziger und siebziger Jahren unseres Jahrhunderts eine Wiedergeburt. Eine neue Generation von Aussteigern, die der sinnlosen Hektik des ausschließlich kommerziell geprägten Lebens den Rücken kehren wollten, entdeckte das Blockhaus. Hinter dieser Bewegung stand auch eine Philosophie, die eine gemeinsame Selbstversorgung predigte und spirituelles Wohlbefinden mit einer Rückkehr zum Land gleichsetzte. Diese Art des Denkens breitete sich über weite Bevölkerungsschichten aus, und in den achtziger Jahren deckten viele spezialisierte Unternehmen den wachsenden Bedarf an vorgeschnittenen Hölzern zum Bau von Blockhäusern. Diese dienten vor allem als Ferienhäuser. Tausende von Fertigbausätzen exportierte man in die ganze Welt – selbst in Gebiete, die keinerlei Tradition im Bau von Blockhäusern hatten.

Die Definition von „Rustic Work" in einem Wörterbuch des späten 19. Jahrhunderts: „Man nagelt eine Schicht aus Ästen mit ihrer Rinde und dem Bewuchs aus Moosen und Flechten auf gesägte Bretter."

Links und oben *Die Holzveranda hat ein örtlicher Tischler, Dave Fritchley, mit Möbeln im Adirondacks-Stil eingerichtet. Er formte sie aus Ästen, die er wegen ihrer interessanten Form in den nahen Wäldern sammelte. Obwohl die Möbel vom Stil der Adirondacks inspiriert sind, erhalten sie doch eine eigene Prägung, weil die Materialien aus der Umgebung stammen und von einem englischen Handwerker zusammengefügt wurden. Äste bilden auch das Geländer, das für den optischen Übergang in die Waldlandschaft sorgt.*

Links außen und unten *Die spitzbogige Tür und die entsprechenden Fenster erinnern an die Gotik und sind rustikal geschmückt mit Zweigen und Kiefernzapfen.*

Gegenüberliegende Seite *Das rustikale Gästehaus auf einem Landgut in Sussex, England, ähnelt in der Gestaltung den Great Camps der Adirondack Mountains im Staat New York. Die Hütte hat einen Rahmen aus Telegraphenstangen, die Wände sind aus berindeten Brettern.*

Fachwerk-häuser

Der Fachwerkbau kommt vor allem in den deutschsprachigen Ländern, in Nordfrankreich und in England vor. Sein Hauptverbreitungsgebiet deckt sich oft mit dem Kerngebiet des Eichenhochwaldes. Der Fachwerkbau, der seine Blütezeit vom 14. bis 17. Jahrhundert erlebte, hat viele weitere Stile beeinflußt. Fachwerkhäuser bestehen aus einem Skelettbau mit einem tragenden Holzgerüst. Die Zwischenräume, auch Fache oder Gefache genannt, werden mit anderem Material ausgefüllt, zum Beispiel mit Backsteinen oder mit Flechtwerk und Lehm. Die oberen Geschosse von Fachwerkhäusern ragen oft aus konstruktiven und räumlichen Gründen etwas über. Nicht selten wurden Fachwerkhäuser im Lauf der Geschichte vollständig verputzt. Bei Restaurierungsarbeiten legt man heute wieder ihre schöne tragende Holzstruktur frei. Vor allem in Nordamerika, Australien und Neuseeland verkleidete man Fachwerkhäuser als Schutz vor dem Klima gerne mit Holzbrettern.

Links *Das Abernodwydd Farmhouse, das 1678 im walisischen Ort Powys erbaut wurde. Heute befindet es sich im Museum of Welsh Life bei Cardiff. Es zeigt einen für Wales typischen Aufbau. Die Gefache sind mit Flechtwerk ausgefüllt, und der Skelettbau ruht auf einer steinernen Schwelle, die verhindert, daß das Holz von Fäulnis befallen wird. Das Dach ist aus Stroh mit einem Haselnußgeflecht darunter.*

Der Fachwerkbau entstand wohl aus dem Ständerbau. Die tragenden Wände bestehen dabei aus senkrechten Holzstützen, den meist bohlenförmigen Ständern. Dieser Ständerbau war wie der Blockbau sehr materialintensiv. Eine erste Materialersparnis ergab sich durch ein tragendes Ständergerüst, das mit dünneren Bohlen ausgefacht wurde. Ein weiterer Zwang zur Einsparung von Holz führte schließlich zum Fachwerkbau, den wir als eine Art Skelett- oder Gerüstbau bezeichnen können. Fachwerkbauten aus der Zeit des frühen Mittelalters sind uns aufgrund der damals noch unzulänglichen Konstruktion nicht erhalten geblieben. Um den Holzgebäuden Stabilität zu verleihen, setzte man die Pfosten und Ständer in ausgeschachtete Gruben, die bis einen Meter tief lagen, und stampfte die Erde ringsum fest. Bald drang Feuchtigkeit in das Holz ein und ließ es verrotten. Die von Fäulnis befallenen Pfosten wurden gelegentlich ausgewechselt, doch wenn zu viele Pfosten zersetzt waren, lohnte sich der Aufwand nicht mehr, und man gab das Gebäude auf. Im 12. Jahrhundert fing man an, die Pfosten auf Steinsockel und auf Schwellen (Bundschwellen) zu setzen. Oben setzte man die Pfosten in Rahmen (Rähm) oder Bundbalken ein. So entstand ein Rahmen und dessen räumliche Entsprechung, das Fach. Weitere Querverbindungen innerhalb dieses Rahmens heißen Riegel – aus diesem Grund heißen Fachwerkbauten in vielen Teilen der Schweiz Riegelbauten. Die Riegel, die Fensteröffnungen begrenzen, heißen Brüstungsriegel (unten) und Sturzriegel (oben). Da die tragenden Pfosten beim Fachwerk-

Oben Das Headcorn Manor in Kent wurde nach 1516 als Pfarrhaus gebaut. Dieser Typ ist charakteristisch für die Hügellandschaft in Südostengland. Es weist eine zentrale offene Halle auf und links und rechts davon je ein Fach mit zwei Stockwerken.

Links Das Hendre'r-Ywydd Uchaf Farmhouse wurde um 1508 im Tal des Clwyd in Wales gebaut und gehörte einem wohlhabenden Landwirt. Heute steht es im Museum of Welsh Life. Das Fachwerkhaus ruht auf einem Steinfundament, und das Dach wird von fünf Crucks getragen. Das Flechtwerk in den Gefachen besteht aus Haselruten, die um senkrechte Eichenstäbe herum geflochten wurden. Die Gefache wie die Skelettkonstruktion wurden durch einen Kalkanstrich geschützt.

Links *Das Nant Wallter Cottage wurde zwischen 1760 und 1780 in Dyfed, Wales, erbaut und steht heute als Teil des Museum of Welsh Life in Cardiff. Das Gebäude weist eine traditionelle Cruck-Frame-Struktur auf: Zwei Paar miteinander verbundene Crucks tragen das Reetdach, das auf einem Flechtwerk aus Haselruten ruht. Die weißgekalkten Wände bestehen aus einer Mischung von Lehm, Steinen, Stroh und Adlerfarn.*

Oben *Smallhythe Place in der Nähe von Tenterden in Kent wurde nach einem verheerenden Brand 1416 erbaut und dient heute als Museum. Der obere Stock kragt auf der ganzen Länge vor. Dadurch wurde die Stabilität des gesamten Hauses vergrößert und mehr Wohnraum geschaffen. Die eng gesetzten Eichenpfosten wurden nicht behandelt. Die hier verwendeten großen Holzmengen lassen Schlüsse auf den Reichtum des Bauherrn zu.*

bau nun auf Schwellen stehen und nicht mehr im Boden eingelassen sind, ergibt sich ein Verlust an Stabilität. Die Bauglieder mußten nun in viel stärkerem Maße miteinander verspannt werden. Nur so konnte ein starres tragendes Gerüst entstehen. Dazu setzte man diagonale Streben ein, unten oft Fußstreben und am oberen Ende Kopfstreben. Die Holzverbindungen erfolgten dabei zuerst über Verblattungen, später über Verzapfungen – wobei sich hier allerdings auch deutliche regionale Unterschiede ergeben.

In Mitteleuropa lassen sich ganz grob ein fränkisches, ein schwäbisches und ein norddeutsches Fachwerk unterscheiden. Am leichtesten ist wohl der norddeutsche Stil zu charakterisieren: Die Ständer stehen ziemlich eng, und die Gefache bestehen oft aus ornamental angeordneten, nicht selten vielfarbigen Ziegeln. Beim fränkischen und beim schwäbischen Stil stehen die Ständer deutlich weiter auseinander.

Rechts und rechts außen *Hartnup House in Smarden, Kent, befindet sich unterhalb der St. Michaels Kirche aus dem 14. Jh. Das Haus trägt das Datum 1671, doch bezieht sich dies auf den Giebel und das Fenster darunter. Das eigentliche Gebäude stammt aus dem 16. Jh.*

In England wurde oft ein Verfahren verwendet, das in Mitteleuropa unbekannt ist, das sogenannte Cruck-framing. Crucks sind große, leicht gekrümmte Stämme, die man der Länge nach meistens in zwei Hälften sägte. Man stellte je zwei Crucks spiegelbildlich einander gegenüber und verband sie oben und oft auch in der Mitte mit einem Kehlbalken, so daß sich die Form eines A ergab. Der gebogene obere Teil der Crucks gab die Dachform vor und trug die Pfetten und Sparren. Der gerade untere Teil der

Oben, von links nach rechts *Chessenden House ist ein großes mittelalterliches Fachwerkhaus in Smarden und ein typisches Beispiel für die Bauweise im südostenglischen Hügelgebiet: eine offene Halle zwischen je einem Fach, dessen zweites Stockwerk vorspringt, mit einem einfachen Walmdach. Im 17. Jh. baute man in die Halle ein zweites Stockwerk ein und fügte ein weiteres zweistöckiges Fach mit Giebel hinzu.*

Rechts *Das Dragon House in Smarden ist eine mittelalterliche Struktur in L-Form.*

Crucks hingegen diente als Eckpfosten oder Ständer und leitete das Gewicht des Daches in den Boden ab. Mit solchen Crucks konnte man vor allem höhere Räume wie Hallen schaffen. Doch war man auf ungefähr gleich hohe und gleich geformte Bäume angewiesen, um ein Haus mit mehreren Fachen bauen zu können.

Im Fachwerkbau kommt es häufig vor, daß verschiedene Traditionen eine Verbindung eingehen. Eine solche Kreuzung finden wir zum Beispiel bei der Kombination zwischen dem Cruckframing und dem Bau weiterer Fache links und rechts davon. Dadurch ergibt sich ein dreischiffiger Aufbau. Die gesamte Struktur wird dann von einem einheitlichen Dach gedeckt. Auf diese Weise entstanden in England größere Räume, in die allerdings verhältnismäßig wenig Licht eindrang. Der Lichtmangel ist ohnehin bei Fachwerkhäusern ein Problem. Fenster und Türen wurden in die engen Zwischenräume zwischen Pfosten und Riegeln eingebaut. Größere Fenster hätten bedeutet, daß man tragende Elemente auslassen mußte, was die Stabilität benachteiligt hätte.

Im frühen 14. Jahrhundert begann man daher in England damit, höhere Geschosse etwas vorkragen zu lassen: die oberen Balken sind etwas länger als die unteren und werden oft von soge-

Ganz oben The Vicarage in Berriew, Wales, ist auf das Jahr 1616 datiert und hat einen späteren Ziegelanbau. Die Streben des Vorbaus zeigen eine hübsche geometrische Anordnung.

Oben Dieses Haus aus dem frühen 18. Jh. in Berriew ist nach seiner Konstruktionsweise älter. Die schrägen Streben stammen aus dem späten 17. Jh.

Rechts oben und unten Berrington Manor in der Nähe von Shrewsbury, England, ist ein Pfarrhaus aus der ersten Hälfte des 15. Jh.; 1658 wurde weiter angebaut.

Gegenüberliegende Seite In Weobley in der Nähe von Hereford, England, stehen noch viele Fachwerkbauten aus dem 14. und 15. Jh. Das abgebildete Haus mit der Bezeichnung The Throne stammt aus der Zeit um 1600 und weist eine für die Zeit sehr einfache Struktur auf.

nannten Knaggen unterstützt – das sind kleine schräge Verstrebungen. Das darüber liegende Stockwerk besitzt damit eine größere Oberfläche und verleiht der gesamten Konstruktion gleichzeitig eine höhere Stabilität. Besonders die Knaggen und die Balkenköpfe wurden in der Renaissance und im Barock in Mitteleuropa wunderschön geschnitzt und bunt bemalt. Im frühen 17. Jahrhundert baute man wieder Fachwerkhäuser mit geringerem Überhang. Für diese Entwicklung waren zwei Faktoren maßgebend: Einerseits gab es ein Gesetz, das zur Sparsamkeit beim Holzverbrauch zugunsten des Schiffsbaus aufrief, und andererseits machte sich die Verwaltung Sorgen um die Brandgefahr in engen Gassen und gab Stein- und Ziegelbauten den Vorzug.

Die Oberflächenbehandlung des Balkenskeletts und der Gefache ist entscheidend für das Aussehen eines Fachwerkhauses. Die Verfahren ändern sich nicht nur von Region zu Region, sondern im Lauf der Zeit auch durch aufkommende neue Techniken und Modetrends.

Unten *Brookgate ist eines der ältesten Landhäuser in der Grafschaft Shropshire an der Grenze zwischen England und Wales. Die frühesten, noch flügellosen Teile stammen von 1350; mit Ausnahme eines Loft zum Schlafen waren sie zum Dach hin offen. Im Jahr 1500 kam ein Flügel hinzu, so daß die klassische L-Form entstand. Der entlegene Flügel der mittelalterlichen Struktur wurde 1612 zerstört, und man baute ein neues Wohnzimmer. So entstand der traditionelle elisabethanische Grundriß mit einer zentralen Halle und zwei Flügeln. Der Architekt und Fachwerkspezialist Graham Moss restaurierte das Haus und fügte die gußeisernen Träger für die Dachrinnen an den Seitenflügeln hinzu (unten links). Das ursprüngliche elisabethanische Landhaus hatte keine Dachrinnen, doch die einfache Form dieser Arts-and-Crafts-Träger paßt gut zum Charakter dieses Fachwerkhauses.*

Das älteste und am weitesten verbreitete Füllmaterial für die Zwischenräume war Flechtwerk. In die Gefache steckte man waagrecht oder senkrecht Eichenstäbe und stellte anschließend aus weicher Hasel ein Flechtwerk her. Auf beiden Seiten verputzte man es mit einer Mischung aus Sand, Kalk, Häcksel und Mist. Mit einer ersten Schicht kleidete man Fugen und Unebenheiten aus und bildete die Unterlage für den zweiten Verputz, der dann möglichst glatt aufgetragen wurde. Alle paar Jahre mußte man das Haus neu streichen, um es wasserfest zu machen. In einigen Gebieten verarbeitete man im Flechtwerk flache Eichen- oder Kastanienlatten. Bis ins späte 18. Jahrhundert hinein verwendete man in England selten Ziegel, sofern sie nicht an Ort und Stelle hergestellt wurden. Billige Ziegel gab es erst nach der industriellen Revolution. Damals ersetzte man das Flechtwerk oft durch Backsteine. Das Muster der Ziegelausfachungen schwankte von Gebiet zu Gebiet. Größere Gebäude zeigten dabei oft ein Diamant- und Fischgrätenmuster. Bisweilen verputzte man die Ziegel, um das ursprüngliche Flechtwerk nachzuahmen.

Den Rahmen aus hochwertiger Eiche beließ man oft in natürlichem Zustand. In England allerdings schützte man ihn vor dem 19. Jahrhundert oft durch eine Kalktünche, die dem Holz eine silberne Patina verlieh. Weniger oft behandelte man das Holz mit Ochsenblut, wodurch es einen rotbraunen Ton erhielt. In feuchten Gebieten verwendete man eine einfache Wasserfarbe mit einem Pigment aus Holzkohle. Im 19. Jahrhundert wurde in den West Midlands ein Verfahren entwickelt, bei dem man die Hölzer mit Teer oder Pech aus der Kohledestillation bestrich, wobei ein auffälliger Schwarz-weiß-Kontrast entstand.

Obwohl im frühen 19. Jahrhundert in Nordeuropa modernere Bauverfahren mit Ziegeln, Steinen und Zement den Fachwerkbau verdrängt hatten, diente doch dessen zeitlose Schönheit als Quelle der Inspiration für mehrere neue Stile. In den USA wiesen Häuser des Stick Style aus den sechziger Jahren des vergangenen Jahrhunderts dekorative Holzelemente auf, vor allem an den Giebelenden und in den oberen Stockwerken, die das Skelett des Gebäudes symbolisieren sollten. Einige amerikanische Queen-Anne-Häuser aus der Zeit von 1880 bis 1910 besaßen eine Fachwerkstruktur. Dänische Fachwerkmerkmale findet man auch in vielen Tudor-Cottages der amerikanischen Beaux-Arts-Bewegung unseres Jahrhunderts, zum Beispiel Verandadächer mit mit viereckigen Pfosten, dicken Verstrebungen an den Ecken und geschnitzten Balkenenden. Viele der Arts-and-Crafts-Häuser des englischen Architekten Sir Edwin Lutyens waren Fachwerkbauten. Das gilt auch für die Pseudo-Tudor-Häuser des frühen 20. Jahrhunderts. Das architektonische Erbe des Fachwerkhauses zeigt sich aber am deutlichsten bei den „Tudorbethan"-Häusern der zwanziger und dreißiger Jahre.

Ganz oben Bei Stokesay Castle in Shropshire steht ein Pförtnerhaus aus der Zeit Jakobs I. beim Eingang zu einem befestigten herrschaftlichen Haus aus dem 13. Jh. Das dekorative Muster an den Giebeln ist typisch für das Gebiet der Welsh Marches.

Oben Pitchford Hall in Shropshire wurde im 19. Jh. vollständig restauriert. Mit dieser Art Rahmenbau konnte man bei Bedarf verhältnismäßig leicht weitere Räume hinzufügen.

Holzverschalte Häuser

Häuser mit Holzverschalungen sind ganz besonders typisch für die Neue Welt. In Amerika spricht man in diesem Zusammenhang von Weatherboard oder Clapboard Houses. Diese Bezeichnung beschwört die Zeit der ersten Siedler und ihrer Rahmenbauten herauf, die mit Brettern aus Amerikanischer Zeder verkleidet wurden. Diese Verschalungen erhielten ihre Farbe vom Regen und der Sonne oder wurden weiß, cremefarben, blau, gelb oder grün angestrichen. Es war die einfachste Art des Häuserbaus in Gebieten mit viel Holz. Die Verschalung diente zur Isolierung und als Schutz vor den Elementen. Die Anordnung im Hausinnern war ganz einfach: Eine zentrale Tür führte zu einem Korridor, von dem man in die Zimmer gelangte.

Links und unten Burr Tavern ist ein verschaltes Haus aus dem Holz der Weymouthskiefer. Es wurde 1835 in East Meredith an der Poststraße nach New York City gebaut. Ursprünglich trug es einen Anstrich aus Bleiweiß.

__Rechts__ Ein mit Holzbrettern verkleidetes Haus des späten Kolonialstils in Greenwich Village, New York. Die Schiebefenster mit den Klappläden sind an der Front und an der Seitenfassade in klassisch georgianischem Stil symmetrisch angeordnet. Der einfache Türsturz ist ebenfalls typisch für die Zeit Mitte des 18. Jh.

__Rechts außen__ Dieses Kaufmannshaus am Rande eines Fjords in der Nähe von Bergen, Norwegen, stammt aus der Zeit um 1690 und wurde in den 40er Jahren des vorigen Jahrhunderts erweitert und angebaut. Man brachte damals die Holzverschalung an. Die Front des Hauses, die zum Hafen gerichtet ist, wurde als Statussymbol weiß gestrichen. Die hinteren Teile tragen die viel billigere Farbe Rot.

__Rechts__ Eine norwegische Holzscheune in ockergelben Tönen. Das Gebäude stammt aus dem Mittelalter, das Dach wahrscheinlich aus dem späten 18. Jh.

Im Lauf des 18. Jahrhunderts begannen in einigen Gegenden Mitteleuropas die Holzvorräte zu schwinden. Ziegel und Stein ersetzten nach und nach das Holz als wichtigstes Baumaterial. Doch die noch reichlich vorhandenen Waldbestände in Skandinavien, Nordamerika, Australien und Neuseeland sorgten dafür, daß in vielen Gebieten noch heute Skelettbauten aus Holz im Vergleich zu Ziegel- oder Betonbauten dominieren.

Die regionalen Unterschiede beim Hausbau lassen sich auf Klima und Topographie des Landes und auf die lokale Verfügbarkeit von Baumaterialien zurückführen – besonders natürlich vor dem Zeitalter der Massenproduktion und der Entwicklung moderner Transportsysteme. Mit Ausnahme von Dänemark, wo viele Häuser aus Stein oder Ziegel entstanden, förderte die dichte Bewaldung Skandinaviens den Holzbau in gewaltigem Ausmaß. Wegen der strengen Winter und der starken Schneefälle verkleidete man den größten Teil der Skelett- und Fachwerkbauten mit sich überlap-

Oben rechts und rechts außen *Militia House, Smarden, Kent, England, ist ein Fachwerkhaus, das im späten 18. Jh. mit Holzbrettern verkleidet wurde. Der Zahnschnittfries, der aus quadratischen oder rechteckigen Blöcken in gleichmäßigem Abstand besteht, ist typisch für dieses Gebiet.*

Rechts *Im Gegensatz zum Militia House (oben) wurde The Battery, ein Seemannsquartier, schon zur Zeit des Baus 1873 mit Brettern versehen. Die meisten solcher Häuser in England sind weiß gestrichen. The Battery war aber wegen seiner Verbindung mit der Navy seit jeher blau.*

Links und links außen Das Isaac Stevens House in Wethersfield, Connecticut, USA, wurde 1788–1789 von einem Ledergerber gebaut. Die Front zum Hauptplatz ist sehr gut ausgearbeitet, um den Status des Besitzers zu zeigen. Die Rückseite (Bild) war hingegen viel einfacher. Nur wenige Orte in den USA sind so alt wie Wethersfield: In diesem größten historischen Distrikt Connecticuts wurden 200 Häuser vor 1850 gebaut.

penden waagrechten oder senkrechten Brettern. Sie schützten die Wände vor Wind, Regen und Schnee und erhöhten die Isolierung.

Das Verfahren, Holzskelettbauten mit Brettern zu verkleiden, hat seine Wurzeln in den norwegischen Stabkirchen des 12. und 13. Jahrhunderts. Sie bestanden aus einem sehr starken Skelett mit vielen einzelnen Pfeilern und Pfosten sowie Wänden aus senkrecht stehenden Planken. Aufgrund ihrer Bauweise konnten die Stabkirchen den Winterstürmen und heftigen Schneeansammlungen standhalten. Holzverkleidungen von Rahmenbauten kamen in Skandinavien in der Mitte des 17. Jahrhunderts auf, als mechanisierte Sägemühlen, die es hier früher gab als anderswo in

Im 17. und 18. Jahrhundert lebten die meisten amerikanischen Siedler, die aus Europa kamen, mit einem Fuß noch in der Alten Welt.

Rechts und rechts außen Das Hempstead House in New London, Connecticut, stammt von 1678 und ist eines der bestdokumentierten einheimischen Häuser des 17. Jh., weil Joshua Hempstead genau Tagebuch über Verbesserungen und Reparaturen führte. Der Hauptteil des Hauses ist aus Eiche. Ein Flügel wurde fünfzig Jahre später hauptsächlich aus Kiefer gebaut. Bleiverglaste Fenster waren damals billiger als hölzerne Schiebefenster, und in jenem Gebiet bis ungefähr 1770 weit verbreitet.

Oben und rechts Das Buttolph Williams House wurde um 1715 in Wethersfield gebaut, hinkte stilistisch aber etwas hinterher. Es steht auf Steinfundamenten mit Ständern und Balken aus Eiche und trägt Holzschindeln.

Europa, billig und leicht die für den Holzbau verlangten einheitlichen Maße zuzuschneiden begannen. Im frühen 19. Jahrhundert entwickelte sich in Schweden eine ornamentale Drachen- oder Wikingerstil-Architektur und breitete sich in der Folge nach Dänemark und Norwegen aus. Villen, Hotels, Sanatorien und Bahnhöfe in diesem Drachenstil aus einer Kombination von Block- und Skelettbau waren mit waagrechten und senkrechten Hölzern verkleidet und wiesen zahlreiche dekorative Details auf, wie geschmückte Träger und Balustraden, als Motive Drachenköpfe und andere Seefahrersymbole aus der Wikingerzeit. Obwohl die Schweden und Dänen um 1885 dieses Drachenstils überdrüssig wurden, pflegten ihn die Norweger noch bis zum Ende des 19. Jahrhunderts als Symbol ihrer Eigenständigkeit.

Im 18. und 19. Jahrhundert wurden auch viele Fachwerkhäuser in Großbritannien und in flacheren Gebieten Mitteleuropas mit waagrechten Brettern verkleidet. Die Instandhaltung wird dadurch viel leichter – etwa im Vergleich mit der Reparatur von Flechtwerkgefachen. Als aber im Gefolge der industriellen Revolution Ziegel billiger wurden und leichter zu bekommen waren, umhüllte man viele Fachwerkhäuser mit Ziegelwänden.

Europäische Auswanderer siedelten sich zu Beginn des 17. Jahrhunderts zunächst an der Ostküste Nordamerikas an und verbreiteten dann nach und nach ihre Kulturen über den gesamten Kontinent. Dabei führten sie auch ihre traditionellen Skelettbauverfahren ein, die in dem dicht bewaldeten Land bald in Blüte standen. Mit Ausnahme der größten wurden alle Gebäude aus der Kolonialzeit mit Holz errichtet. Ziegel und Steine blieben im allgemeinen für die Fundamente und Kamine reserviert. Und selbst wenn die Häuser aus Ziegeln oder Steinen bestanden, so baute man doch die Dächer, die Veranden, die Fenster und Türrahmen und die Zäune in der Regel aus Holz. Fachwerkhäuser wurden in North Carolina und Wisconsin von deutschen Siedlern, im Mississippital und an der Küste des Golfes von Mexico von französischen Kolonisatoren errichtet. Die Golf-Häuser der Franzosen bestanden aus senkrechten Pfosten mit Gefachen aus Steinen und Erde. Das rauhe Klima in vielen Gebieten bewog aber die meisten Siedler zu einer Anpassung ihrer althergebrachten Bauverfahren. Sie verkleideten die Fachwerkwände mit gesägten oder gespaltenen Brettern und ersetzten das Stroh der Dächer durch Holzschindeln.

Während der Kolonialzeit entwickelten sich zahlreiche regionale Stile. Viele Häuser in südlichen Kolonien hatten zum Beispiel nur das Erdgeschoß und eine Dachkammer, steile Giebel oft mit Fenstern und Kamine aus Backsteinen an einem oder

Oben Kleines, holzverkleidetes Cottage in Massachusetts, USA, 19. Jh.

Rechts und oben rechts Die Chase Hill Farm in Rhode Island, USA, ist ein typisches einstöckiges „Cape Cod“-Haus. Es wurde 1792 errichtet und von Stephen Mack restauriert. Der Haustyp besaß einen zentralen Kamin und war in Neuengland am weitesten verbreitet. Die viereckigen Ständer und Balken aus Eiche wurden von Zimmerern gerichtet und mit Zapfen versehen. Die Bretter gewann man durch Spalten des Holzes und Hobeln.

Unten und ganz unten Das Joseph Webb House in Wethersfield wurde im späten 18. Jh. gebaut und ist ein schönes Beispiel für die Häuser der reichen „River God"-Familien in Connecticut, die ihr Vermögen durch Handel längs dem Connecticut-River machten. Die Außen- und Innengestaltung des Gebäudes entspricht dem klassizistischen Stil, der in jener Zeit in Nordamerika Mode war.

beiden Enden. In Neuengland wiesen viele größere Häuser, die in der zweiten Hälfte des 17. Jahrhunderts gebaut wurden, Elemente des englischen Tudor- und elisabethanischen Stils auf, zum Beispiel einen vorkragenden zweiten Stock, einen massiven zentralen Kamin, wenige Fenster und niedrige Decken. Zu einem späteren Zeitpunkt fügte man vielen dieser Gebäude nach hinten Anbauten mit steilen Dächern hinzu, die unter der Bezeichnung „Lean-to" oder „Saltbox" bekannt sind. Während der Herausbildung des Bundesstaates, also in den rund 60 Jahren, die auf das Ende der Kolonialzeit bis in die frühen 1840er Jahre folgten, wurden besonders viele Skelettbauten errichtet. Dabei entnahm man viele stilistische Elemente dem englischen Adam-Stil. Verbesserte Säge- und sonstige Holzbearbeitungstechniken führten zusammen mit der Erfindung maschinenproduzierter Nägel zu Fortschritten in der Konstruktion und zu einer größeren Schmuckauswahl. Der weitaus größte Teil der Skelettbauten aus dieser Zeit war gut gearbeitet und mit überlappenden Brettern verschalt, im allgemeinen aus Kiefer, und an den Rändern oft mit Perlstabmuster verziert. Hölzerne Veranden mit einem Eingang

Oben Dieses „Stone-ender"-Haus mit einem einzigen Zimmer auf der Chase Hill Farm in Rhode Island hat am einen Ende einen Kamin im elisabethanischen Stil. Es wurde von englischen Siedlern im 17. Jh. gebaut. Diesen Haustyp findet man nur auf Rhode Island.

Links, unten links und unten links außen Die Simon Huntington Tavern in Norwich, Connecticut, wurde 1703 gebaut und 1768 vollständig renoviert. Die Struktur besteht aus Eichenständern und -balken. Die Eichenbretter sind von Hand gespalten und mit geschmiedeten Nägeln befestigt. Die meisten englischen Einwanderer wählten damals als Baumaterial Eiche, die in jenem Gebiet auch den häufigsten Baum darstellt.

Rechts und rechts außen Das holzverschalte Haus aus den 40er Jahren des vergangenen Jahrhunderts steht neben einer traditionell englischen Scheune des 18. Jh. Man brachte sie von Stockbridge nach Harvard, Massachusetts. Der Restaurator ist Stephen Mack.

wurden in Neuengland populär. Säulenhallen und Veranden auf zwei verschiedenen Ebenen waren hingegen Mode im mittleren Westen und in vielen südlichen Staaten. Häuser in einem neugriechischen und neoklassizistischen Stil wiesen gerade, rechtwinklig geschnittene und vasenförmige Holzbalustraden an den Veranden, Wänden und Dächern auf.

Während die Qualität von Skelettbauten und ihrer dekorativen Ausgestaltung sprunghaft anstieg, mußte man bei den Bauverfahren Rückschläge hinnehmen. Der Bau eines traditionellen Fachwerkhauses, auch mit den Verfahren des Cruck-framing, war ein verhältnismäßig langsamer Prozeß, der erhebliche Geschicklichkeit voraussetzte. Für das Zusägen des Holzes von Hand, das Zuschneiden von Zapfen und Schlitzen, das Ausschneiden von Nuten, das Bohren von Löchern, das Formen von Stiften und das genaue Zusammensetzen der gesamten Struktur brauchte man ausgebildete Handwerker mit spezialisierten Geräten. Obwohl sich unter den Siedlern aus Europa viele talentierte Handwerker befanden, reichten sie einfach nicht aus, um der drängenden Nachfrage nach Häusern der schnell wachsenden Bevölkerung zu genügen. Eine Teillösung bestand in der traditionellen Praxis, einen Skelettbau zunächst in der Werkstatt des Handwerkers zusammenzusetzen, wo man leicht noch Veränderungen vornehmen konnte, bevor die Stücke an die endgültige Stelle transportiert und dort montiert wurden. Dies bedeutete, daß man zahlreiche vorfabrizierte Holzhäuser von Europa über den Atlantik zu den Siedlern im Osten Nordamerikas verschiffen konnte. Der weitere Transport über Land allerdings war sehr viel schwieriger, weil die Schienen- und Straßenwege noch nicht darauf eingerichtet waren.

Ein raffiniertes neues Verfahren des Skelettbaus, das sogenannte Balloon-framing, wurde 1833 in Chicago entwickelt. In Kombination mit weiteren technischen Fortschritten – vor allem der Mechanisierung der Nagelproduktion und der Entwicklung dampfmaschinengetriebener Sägereien – entstand eine außerordentlich effiziente Konstruktionsmethode. Innerhalb von

Auf dieser Seite Im späten 18. und frühen 19. Jh. wuchs das Interesse an der Klassik, was sich an vielen Einzelheiten und Ornamenten widerspiegelte. Stilistische Elemente aus Stein wurden in Holz kopiert, und viele holzverschalte Gebäude ahmten klassizistische Steinhäuser nach. Dieses Haus im hochgeorgianischen Stil in Stonington, Connecticut, war bis auf die Außenverkleidung seines Schmuckes beraubt. In mühseliger Detailarbeit gelang es dem amerikanischen Restaurierungsexperten Stephen Mack, die Außenansicht im ursprünglichen Zustand wiederherzustellen.

zwei Jahrzehnten wurde das Balloon-framing zum wichtigsten Bauverfahren im amerikanischen Westen. Seinen witzigen Namen gaben ihm skeptische Bauherren und Zimmerer. Sie befürchteten, das Skelett würde bei einer kräftigen Windböe davonfliegen, da es so leicht war. In Wirklichkeit erwiesen sich die Häuser, die nach dem Balloon- oder Basket-framing-Verfahren (Rahmenbau) gebaut wurden, als bemerkenswert dauerhaft. Erst durch diese Bauart wurde das schnelle Wachstum der amerikanischen Städte im späten 19. und frühen 20. Jahrhundert möglich.

Das wahrscheinlich erste Gebäude, das mit dem Balloon-framing errichtet wurde, war die St.-Mary's-Church in Chicago. Der Baumeister war Augustine Taylor, ein Zimmermann aus

Hartford, Connecticut. Die Kirche bestand aus einem Stockwerk, war 11 m lang und 7,5 m breit und trug ein flaches Satteldach. Die Bauzeit betrug ungefähr drei Monate, und die Kosten beliefen sich auf rund 400 Dollar. Das entsprach ungefähr der Hälfte des Geldes und der Zeit, die man für eine konventionelle Skelettbauweise hätte aufwenden müssen. Kurz nach dem Bau der Kirche entstanden in Chicago Häuser mit Balloon-framing in erstaunlicher Zahl. Im Oktober 1834 bemerkte ein Schriftsteller: „Während es ein Jahr zuvor in der Stadt nur 50 Häuser mit Balloon-framing gegeben hatte, zählte ich sie erneut am letzten Sonntag und kam auf 628. Pro Tag entstehen ein bis vier oder fünf Häuser, und ungefähr 212 davon sind Läden und Geschäfte." Zwischen Bestellung und Fertigstellung verging nur eine Woche.

Unten Eine „Painted Lady" im Queen-Anne-Stil in Aspen, Colorado, USA, aus dem Jahr 1855. Das Haus ist lila, blau, rot, grün und safrangelb gestrichen.

Unten rechts Eine „Painted Lady", erbaut in Aspen 1883, geschmückt im Mountain-Stick-Stil. Das Muster am Giebel besteht aus 25 Farben – typisch für Colorado.

Unten Roseland Cottage, „The Pink House", wurde 1846 in Woodstock, Connecticut, erbaut. Mit seiner senkrechten Linienführung ist es ein wundervolles Beispiel neugotischer Architektur.

Gegenüberliegende Seite, links, unten von links nach rechts und ganz unten links *Die überdachten Holzveranden bilden einen wichtigen Teil holzverkleideter Häuser in Rahmenbauweise, wie sie in Australien und Neuseeland dominieren. Diese Veranden sind ideal bei dem dort herrschenden subtropischen Klima, denn sie fördern die Belüftung und Kühlung des Hausinneren. Der schattige Bereich lädt dazu ein, draußen zu sitzen, zu essen und sogar zu schlafen. Um die Belüftung zu verbessern, verfügen die meisten Veranden über Gitterblenden und Laubsägearbeiten. Die schmückende Ausgestaltung hängt dabei vor allem vom Wert des Hauses ab.*

Rechts außen *Der Eckturm dieses Hauses aus dem vorigen Jahrhundert in Auckland, Neuseeland, zeigt eine Reihe architektonischer Elemente, die man in der Regel mit einem italianisierenden Stil in Verbindung bringt. Er war in der zweiten Hälfte des 19. Jh. in städtischen Gebieten modern. Zu diesen Stilelementen zählen verhältnismäßig breite Dachtraufen, die von Streben gestützt werden, sowie hohe große Fenster. Die bretterverschalten Wände, die Fensterrahmen und die Streben sind unterschiedlich gestrichen, was die Proportionen der einzelnen Bauteile unterstreicht.*

Das Bauverfahren war einfach. Anstelle der dicken Pfosten und Balken, die durch Zapfen, Dübel, Zinken und Blätter miteinander verbunden wurden und die das schwere Skelett der früheren Fachwerkhäuser bildeten, verwendete man ganz leichte Komponenten. Ständer, Rahmen, Deckenbalken und Dachsparren bestanden aus einheitlichen, dünn zugesägten Hölzern mit stumpfen Verbindungen. Sie wurden miteinander vernagelt, um eine möglichst gleichmäßige Verteilung der Lasten zu erhalten. Die senkrechten Ständer verliefen von der Bodenschwelle bis zur

Links Diese Inselhäuser in einem See von New Hampshire, USA, sehen noch fast so aus wie Anfang des 20. Jh., als sie von methodistischen Geistlichen und Lehrern erbaut wurden. Sie dienten ihnen als „Sommer-Camps"; im Winter wohnten sie in der Stadt. Die Häuser haben noch heute weder fließendes Wasser noch Strom.

Dachtraufe, und die horizontalen Balken wurden auf ihnen festgenagelt. Die Innen- und Außenseite dieses korbartigen Käfigs konnte man mit Brettern auskleiden.

Das Balloon-framing setzte sich schnell unter den Architekten und Bauherren durch, und im Jahr 1865 vermerkte ein damals weit verbreitetes Bauhandbuch mit dem Titel „Woodward's Country Homes": „Ein Balloon-frame sieht leicht aus. Er erhielt seinen Namen von jenen altmodischen Mechanikern, die es in ihrer Ausbildung gelernt hatten, einem Pfosten all seine Stärke und Dauerhaftigkeit zu nehmen, indem sie ihn voller Nuten und Zapfen und Löcher schneiden, und dann glauben, er sei stärker als ein viel leichterer Pfosten, der ganz anders behandelt und dabei in seiner Stärke nicht beeinträchtigt wird." Diese Ansicht mag technisch nicht ganz zutreffend gewesen sein, doch mit Sicherheit waren viele dieser „Baracken" mit Rahmenbau widerstandsfähiger als einige ihrer mit dem Fachwerk- oder Cruck-framing-Verfahren gebauten Vorgänger. Dies hatte allerdings seinen Grund oft auch in ungenügender Pflege, so daß Feuchtigkeit in das Holz eindrang und es verfaulte.

Der einflußreiche Redakteur des Landwirtschaftsteils der „New York Tribune", Solon Robinson, beobachtete, mit welcher Leichtigkeit Häuser nach dem neuen Verfahren errichtet werden konnten: „Um das Skelett (eines traditionellen Gebäudes) so auszulegen, daß am Ende alle Teile zusammenpassen, ist das Geschick eines Meisterzimmerers notwendig sowie zahlreiche starke Männer und viel harte Arbeit, um die großen Holzteile an Ort und Stelle zu bringen. Die Errichtung eines Rahmenholzbaues hingegen erfordert ungefähr so viele mechanische Fähikeiten wie der Bau eines Bretterzauns." Natürlich war das übertrieben ausgedrückt, aber es trifft doch zu, daß die leichten Bauteile und der einfache Zusammenbau bereits in den fünfziger Jahren des vorigen Jahrhunderts zur Entstehung eines Mail-Order-Business führte. Kunden im Westen konnten von etablierten Baufirmen im Osten vorgefertigte Häuser und Kirchen bestellen. Während der fünfziger Jahre unseres Jahrhunderts wurden allein in New York

Die Erfindung des Balloon-framing machte es Stadtbewohnern und Farmern im Westen möglich, vorfabrizierte Häuser und Kirchen bei etablierten Baufirmen im Osten des Landes zu bestellen.

Diese und gegenüberliegende Seite *Auf dem Boden der Veranda aus Kiefernbrettern stehen vom Sil der Shaker inspirierte Schaukelstühle und anderes Mobiliar im Country-Stil. Das Haus bietet einen idyllischen Seeblick.*

jährlich 5000 vorgefertigte Häuser hergestellt, um die Wohnungsnot in Kalifornien zu beheben. Zu Beginn gab es mehrere Transportverfahren: Einige Häuser wurden um Kap Horn herum transportiert, andere zogen auf Maultierrücken über den Isthmus von Panama. Als das Schienennetz ausgebaut wurde, transportierte man die Teile für die Häuser mit der Eisenbahn. Anfänglich war dieses Bauverfahren vor allem deswegen attraktiv, weil man damit verhältnismäßig preiswerte Unterkünfte schnell zusammenbauen konnte. Doch in der zweiten Hälfte des 19. Jahrhunderts begann man auch, die architektonische Vielseitigkeit dieser Rahmenholzbauten zu schätzen und systematisch zu nutzen. Die Architekten erkannten bald, daß es viel einfacher war, komplexe Bauteile wie Fensternischen, Vorbauten und Türme in Konstruktionen mit Balloon-framing einzufügen als in die traditionellen Holzskelettbauten. Hinzu kam, daß mit der technischen Weiterentwicklung der Bearbeitungsverfahren der Ausstoß immer größer und die Kosten für zugeschnittene Hölzer immer geringer wurden. Damit konnte man ständig größere Häuser bauen. Es war nun auch möglich, Teile wie Fenster, Türen, und dekorative Bögen in Massen und in einer großen Zahl von Stilen zu fertigen. Außerdem waren sie erheblich billiger als handgefertigte Teile. Gleichzeitig begannen die Architekten mit der Entwicklung

Im späten 19. Jahrhundert bildeten sich in den USA mindestens acht Architekturstile heraus.

eigener amerikanischer Stile für eine zunehmend wohlhabende, designbewußte Bevölkerung, die nun bessere Häuser wünschte, um den neuerworbenen Status dokumentieren zu können.

In der zweiten Hälfte des 19. Jahrhunderts bis zum Ersten Weltkrieg setzten sich in den USA mindestens acht architektonische Stile durch, die sich untereinander mischten. So baute man viele Häuser in einer eklektischen Kombination stilistischer Elemente. Im großen und ganzen kann man alle diese Stile als viktorianisch bezeichnen. Mit Ausnahme der Gebäude im romanischen Stil des Henry Hobson Richardson, die Fassaden aus rohbehauenen Steinen aufwiesen, ist all diesen Häusern die weitgehende Verwendung von Holz gemeinsam, sei es als Bau- oder Schmuckelement oder beides. Die ersten postklassizistischen Stile, die Neugotik („Gothic Revival") und der italienische Stil („Italianate") erschienen in den 1830er Jahren. Sie gehen auf Häuser des britischen Regency zurück und spiegeln das wachsende Interesse der USA an historischer Architektur wider. Viele frühe neugotische Gebäude zeigten unregelmäßige, pittoreske Grundrisse,

Diese und gegenüberliegende Seite
Das holzverkleidete Haus auf dieser Seite wurde 1985 im Ständerbau auf Long Island errichtet, im größten Kiefernwald im Staat New York. Die Firma Timberpeg in New Hampshire fabrizierte es vor und baute es an Ort und Stelle zusammen.

steile Dächer und Giebel, Brüstungen mit Zinnen und Fenster mit gotischen Bögen. Die Wände verkleidete man oft mit vertikalen statt horizontalen Brettern, was die charakteristische Gestaltung in der Senkrechten noch betonte. Im Gegensatz dazu zeigen Häuser im italienischen Stil häufig durch Architrave eingefaßte, der Klassik entlehnte Fenster. Sie trugen entweder ein ziemlich flaches Dach mit breiten Dachtraufen, das von Trägern gehalten wurde, oder ein Mansarddach. Die Mansarddächer wurden populär, weil sie den Einbau von Dachwohnungen ermöglichten.

Während die der Klassik nachempfundenen Häuser des italienischen Stils bis zum Ende des 19. Jahrhunderts in großer Zahl gebaut wurden, führte das Interesse an mittelalterlichen Architekturstilen nicht nur zur Entstehung der Neugotik, sondern inspirierte auch Häuser im Stick Style und im Queen-Anne-Stil. Die Mehrzahl der Stick-Style-Häuser wurde während der 1860er und 1870er Jahre gebaut und waren stark vom englischen Fachwerkstil beeinflußt. Mit ihren steilen Satteldächern und ihren überhängenden Dachtraufen ähneln sie neugotischen Häusern.

Oben Dieses Haus in Sun Valley, Idaho, USA, entwarf Mark Pynn vom Architektenbüro Darryl Charles McMillen. Das Haus klettert den Berg hoch. Große Glasfronten durchbrechen die Schindelfassade und führen zu den Privaträumen. Die massiven Barrieren wurden wegen der Lawinen gebaut.

Der Stick Style, eine Kombination von Elementen aus der Neugotik und dem italienischen Stil, bildete die Grundlage für den amerikanischen Queen-Anne-Stil, der von den 1880er Jahren an bis ungefähr 1910 beliebt war. In Großbritannien zeigten die Queen-Anne-Häuser, die der führende Architekt Richard Norman Shaw (1831–1912) entwarf, entweder eine Fachwerkstruktur oder gemustertes Mauerwerk. Die amerikanischen Versionen hingegen wiesen ein komplexeres Design auf, wobei als Schmuck viel Holz verwendet wurde. Die Dächer waren noch steiler als bei den Häusern der Neugotik und des Stick Style. Oft wiesen sie komplizierte Formen mit zusätzlichen Vorsprüngen, Giebeln, überhängenden oberen Stockwerken und Türmen auf. Die Wände verkleidete man mit einer Mischung aus Holzschindeln, raffinierten Backsteinmustern und Terrakottaeinlagen. Den Einfluß des englischen Designers Charles Locke Eastlake (1833–1906) kann man an vielen Häusern des Stick Style und des Queen-Anne-Stils entdecken.

Im Gegensatz zu den reichen dekorativen Details der amerikanischen Queen-Anne-Häuser zeigen die Häuser des Shingle Style, die von 1880 bis etwa 1900 gebaut wurden, verhältnismäßig schmucklose Oberflächen. In den meisten Fällen sind ihre Dächer und Wände mit einförmigen Reihen schmuckloser Holzschindeln bedeckt. Es gab nur wenige ornamentale Details, die überdies aus einer beschränkten Auswahl einfacher neoklassizistischer Elemente an amerikanischen Häusern aus der Kolonialzeit oder der Zeit der Unabhängigkeit stammten, etwa venezianische Fenster und dorische Säulen. Das erneute Interesse an Gebäuden aus der frühen amerikanischen Kolonialzeit, das seinen ersten Ausdruck in der ornamentalen Gestaltung vieler Häuser des Shingle Style und des Queen-Anne-Stils fand, führte gegen Ende des 19. Jahrhunderts zu einer wirklichen Renaissance. Damals baute man viele Originale aus dem 18. Jahrhundert nach.

Interessant war bei dieser Entwicklung der vielfältigen Architekturstile, daß die regionalen Unterschiede innerhalb der USA immer geringer wurden. Dies lag zum großen Teil daran, daß die meisten Architekten Entwürfe aus denselben veröffentlichten Quellen kopierten und von denselben massenproduzierten Bauelementen Gebrauch machten. Zur zunehmenden Vereinheitlichung trugen aber auch die Firmen bei, die Fertighäuser verkauften. In den neunziger Jahren des vergangenen Jahrhunderts war es nicht ungewöhnlich, daß solche Fertigbausätze quer über den ganzen Kontinent transportiert wurden. Dennoch entstand keine totale Uniformität des Stils: Die Kreativität einzelner Architekten und Baumeister ließ durchaus lokale Besonderheiten zu.

In vielerlei Hinsicht ist die Geschichte der mit Brettern verkleideten Holzskelettbauten in Australien und Neuseeland ähnlich wie in den USA. Unter den Auswanderern befanden sich auch

***Diese und gegenüberliegende Seite** Dieses mit Brettern verschalte Haus in den Rocky Mountains von Central Idaho entwarf Mark Pynn. In Form und Material erinnert das Haus an die großen Lodges der amerikanischen Nationalparks. Bei den Holzverzierungen erkennt man eine Reminiszenz an die Arts-and-Crafts-Häuser von Charles Henry Green und Gustav Stickley zu Beginn des 20. Jh. Durch die großen Schindeln wirkt das massive Gebäude etwas leichter.*

viele Zimmerleute, die eine traditionelle Ausbildung genossen hatten. In Australien allerdings, wo es weniger ausgedehnte Wälder gibt, waren bis zur Mitte der 1850er Jahre die Kosten für den Bau eines Holzhauses höher als für ein Backsteinhaus gleicher Größe. Durch die Entwicklung dampfbetriebener Sägereien kam es zu einer kräftigen Zunahme der kosteneffizienten Produktion von Holzbauteilen, wie man sie für Rahmenholzbauten und deren Verkleidung brauchte. Jetzt wurden holzverschalte Häuser preiswert, besonders wenn sie im Rahmenbau gefertigt waren. Trotz der anfänglichen Skepsis gegenüber diesen „armselig-dürftigen, hutschachtelartigen Behausungen“ wurden die Vorteile bald erkannt. Wie in den USA machte es die Entwicklung eines zuverlässigen Eisenbahnsystems möglich, leichte, vorgefertigte Balloon-framing-Häuser von den Produktionszentren an der Küste zu neuen Siedlungen ins Landesinnere zu transportieren, wo es kaum ausgebildete Zimmerer gab, die Fachwerkhäuser hätten aufstellen können. Überdies erwiesen sich viele Fachwerkhäuser, die man zu Beginn des Jahrhunderts erbaut hatte, als ungeeignet im feuchtwarmen Klima, in dem das der Witterung ausgesetzte Holzskelett zu faulen begann. So erkannte man schnell die Vorteile, die das Verkleiden der Außenwände mit angestrichenen Brettern mit sich brachte.

Eine Anpassung an das Klima war auch der Grund für drei weitere wichtige Eigenheiten des australischen Holzskelettbaus: den Bau von Bungalows, die Vorliebe für Veranden und die Gründung auf Pfählen. Die australischen Bungalows gehen auf die Bungalas Indiens zurück. Diese bestehen aus einem einzigen Geschoß mit einem hohen, pyramidenähnlichen Dach, oft aus Stroh, und einer großen umlaufenden Veranda. Diese Bungalas dienten den britischen Kolonisatoren in Indien als Unterkunft und galten bei der dort herrschenden Hitze und der tropischen Feuchtigkeit als ideal. Die Veranda, die oft auch Gitterblenden aus Latten und Laubsägearbeiten umfaßte, hatte den großen Vorteil, die Wände und das ganze Haus kühl zu halten. In einem Land, dessen Bewohner so großen Wert auf ein Leben in der freien Natur legten, wurde die Veranda zu einem Teil des Hauses und stellte schattige Sitzplätze zur Verfügung.

Links *Bei der Renovierung dieses „Queensländer“-Cottages aus den 20er Jahren entfernte man die Aluminiumläden, die in den 60er Jahren eingebaut worden waren, um Raum und Licht mehr zu betonen. Die Tischlerarbeiten auf der Außenseite wurden blau, grün und weiß gestrichen – zu dieser Farbkombination inspirierte die karibische Architektur.*

In heißen Ländern half die überdachte Veranda, die Wände zu kühlen und das Innere zu belüften. Zugleich konnte man draußen im Schatten sitzen.

Wie viele Häuser in Indonesien und Südostasien wurden etliche australische Holzskelettbauten auf hölzernen Pfählen errichtet. Es ging vor allem darum, das Haus vor Termiten und jahreszeitlichen Überschwemmungen zu schützen. Gleichzeitig konnte auch von unten her Luft zirkulieren, so daß das Wachstum von Pilzen gebremst und das Hausinnere gekühlt wurde. Diese

Diese Seite Bei diesem „Queenslander" von Brisbane nutzte der australische Architekt Tony Suttle die Vorteile aller traditionellen architektonischen Elemente dieses Haustyps. Ein offener Sitzplatz an der Rückseite und eine überdachte Veranda vorne geben viele Möglichkeiten für das Leben draußen, wie es sinnvoll ist in diesem subtropischen Klima. Die Veranda kühlt gleichzeitig den Hauptkörper des Gebäudes. Eine zusätzliche Ventilation durch den Boden erlauben die Garage sowie Speicherräume, die unter den erhöhten, auf Pfählen stehenden Wohnungen liegen.

Pfähle waren bei Bedarf leicht zu erneuern und trugen oft oben eine Kappe aus Metallblech, um Termiten daran zu hindern, in den Holzboden einzudringen. Traditionsgemäß behandelte man die Pfähle mit einer Mischung aus Teer, Kreosot oder Öl und Lampenruß, um sie vor Fäulnis zu schützen. Aus ästhetischen Gründen verbarg man die Pfähle oft hinter bemalten Paneelen aus Hartholz.

Die Siedler in Neuseeland fanden ein dicht bewaldetes Gebiet vor, und bis ungefähr 1890 wurden die meisten Fachwerkhäuser nach traditionellen Verfahren mit klassischen Holzverbindungen und fast ohne Nägel hergestellt. Gegen Ende des Jahrhunderts baute man jedoch viele Rahmenhäuser mit eineinhalb Stockwerken. Im Gegensatz zu den meisten zweistöckigen Häusern in Neuseeland, bei denen die Wände für jedes Stockwerk völlig getrennt voneinander gebaut wurden, hatten diese Häuser Ständer, die über die gesamte Bauhöhe liefen. Die Balken für den Boden des zweiten Stockwerks wurden an ihnen befestigt. Zu Beginn unseres Jahrhunderts wurden auch zahlreiche Holzskelettbungalows mit Veranden und viele Cottages im englischen Stil errichtet, von denen einige vorkragende obere Stockwerke aufwiesen.

Die meisten Häuser verkleidete man mit Brettern zum Schutz gegen Niederschläge. Dabei wurden viele Stile entwickelt. Besonders beliebt von 1860 bis in die achtziger Jahre jenes Jahrhunderts war der sogenannte „Rusticated Style“: Dabei wurde die Oberkante des Brettes so gestaltet, daß sie in einen Falz des darüberliegenden Brettes paßte. So entstand eine Wand mit ziemlich deutlichen Rillen, die an Steinmauern erinnerten. Bei einigen größeren Häusern wurde dieser Effekt durch „Ecksteine“

aus Brettern verstärkt. Dieser Wunsch, Holz als Stein auszugeben, war nicht auf die neuseeländischen Siedler in der Mitte des 19. Jahrhunderts beschränkt. Eine Anzahl amerikanischer Häuser des Kolonialstils während der georgianischen Periode besaß Holzfassaden, die so geschnitten waren, daß Bruchsteinmauerwerk vorgetäuscht werden sollte.

Die technologischen Entwicklungen während des 20. Jahrhunderts hatten zur Folge, daß nur noch wenige Menschen eine besondere Vorliebe für das Holzhaus hegten. Heute verwenden jedoch viele Architekten wieder Holz und schaffen damit atemberaubende innovative Designs. Die modernen Holzhäuser in Australien und Neuseeland genießen einen vorzüglichen Ruf, vor allem wegen der grundlegenden Beiträge von Architekten wie Simon Carnachan in Neuseeland und Darryl Jackson in Australien.

Diese und gegenüberliegende Seite *Das Design dieses Hauses in Noosaville an der Sunshine Coast von Queensland ist ganz auf Sonnenlicht und Belüftung ausgerichtet. Es gehört dem australischen Architekten John Mainwaring und ist außen mit Kiefernbrettern, Sperrholzplatten und Stahl verkleidet. Bewegliche Glaswände, Oberlichter, Fenster und Türen mit Lamellen sowie ein offener Grundriß sorgen dafür, daß das Haus atmet und viel Licht erhält.*

Gegenüberliegende Seite, untere Reihe von links nach rechts *Bei der Gestaltung ihres Hauses in Auckland verwendeten Simon und Robyn Carnachan eine dunkel gebeizte Holzverkleidung, helle Tischlerarbeiten, durchsichtiges Polykarbonat und Glas und gestalteten daraus eine Reihe untereinander verbundener Pavillons, Gewölbe und Sitzflächen.*

Leben mit Holz

Wer in einem Holzhaus lebt, bringt damit eine ganz besondere Lebensweise zum Ausdruck. Mit einem Blockhaus oder einem anderen rustikalen Gebäude zeigt der Besitzer, daß er viele Marotten der Innengestaltung ablehnt, etwa gemusterte Tapeten und dicke Teppiche. Statt dessen lebt er lieber in Räumen, die vom Holz dominiert werden. Ein solches Ambiente stimuliert alle Sinne, weil man die einmalige Struktur des Holzes fühlen und sehen kann. Außerdem riecht es einfach gut. Polierte Parkettböden reflektieren das Sonnenlicht; helltürkisfarben gestrichene schmale Bretter mit Nuten erhellen jedes Badezimmer; eine schön geschnitzte Täfelung kleidet die Diele aus; an Kathedralen erinnernde Dachsparren

im Wohnzimmer reichen bis weit hinauf. Diese und viele andere Gestaltungselemente wie elegant gedrehte oder geschnitzte Baluster und Handläufe zeigen, welche Möglichkeiten im Holz stecken. Als neutraler Hintergrund für textile Einrichtungsgegenstände fordert Holz durch seine Natur zu Einfachheit auf. In diesem Kapitel zeigen wir, wie Holzhausbesitzer auf der ganzen Welt dieser Herausforderung gerecht geworden sind. In einigen Kulturen, etwa in Skandinavien und bei den Indianern, werden Wände und Decken mit Bildern geschmückt, meist mit Darstellungen aus dem täglichen Leben. Andere Völker lassen das Holz, wie es ist, beizen es höchstens oder streichen es an.

Blockhäuser von innen

Die einfachen Blockhütten, die früher fast nur in den Alpen, in Skandinavien und zur Zeit der Kolonisierung auch in Nordamerika zu sehen waren, faszinieren viele Menschen noch heute. So entwickelten sich die Hütten zu Ferienhäusern, viele auch zu echten Wohnhäusern. Das Blockhaus bildet eine Fluchtmöglichkeit vor dem Streß des modernen Lebens und erinnert an eine frühere Lebensweise, die mit der Natur und dem Land in viel engerer Beziehung stand. Die Wildnis und die Romantik zusammen mit einem einfacheren, fast primitiven Lebensstil üben in unserer gestreßten, kommerziell geprägten und doch umweltbewußten Gesellschaft eine besondere Anziehung aus. Diesem Geist begegnen wir nirgendwo besser als im Wilden Westen Amerikas. Obwohl die meisten Blockhäuser aus den Pionierzeiten zerfallen sind, hält sich der Geist und die Kultur jener Zeit noch in vielen Blockhäusern und -hütten, die erst in unserem Jahrhundert entstanden sind. Zahlreiche innovativ arbeitende Architekten und Bauherren wollen heute wieder das strukturelle und dekorative Potential des Holzes ganz ausschöpfen und betreten neue Gebiete beim Bau von Blockhäusern, ohne jedoch auf den Komfort zu verzichten, der in der modernen Gesellschaft eine derart zentrale Rolle spielt.

Links *Dieses savoyardische Bauernhaus aus dem 18. Jh. wurde von Grand-Bornand nach Megève transportiert und von der Innenarchitektin Michèle Rédélé restauriert. Der Wohnraum befindet sich im ehemaligen Speicher. Die besondere Atmosphäre des Dachbodens blieb erhalten. Die Möbel und die kleinen Lampen stammen vom Möbeldesigner und Inneneinrichter Christian Liaigre, die Theaterlampen aus Venedig.*

Unten Die Treppe im Vordereingang dieses savoyardischen Bauernhauses führt zum Wohnbereich. Der schmiedeiserne Handlauf kontrastiert mit dem naturbelassenen Holz. Auf dem Treppenabsatz steht ein Sessel im Kolonialstil.

Oben Viele Blockhäuser, die während des 18. und 19. Jh. in alpinen Gebieten erbaut wurden, wiesen mehrere Balkons in unterschiedlicher Höhe auf. Die Zimmerleute führten die Handläufe der Geländer durch die Außenwände nach innen und fixieren sie dort an festsitzenden Holzelementen.

Oben Der Kamin in diesem Dachraum befand sich ursprünglich in einem anderen alten savoyardischen Haus. Die modernen Sofas sind von Christian Liaigre, die Lampen auf dem Kaminsims von Alexis Auffray.

Oben *Die großen Fenster werden von schweren Jutevorhängen eingerahmt. Diese hängen an Stahlringen von schmiedeeisernen Haken. Die Inneneinrichtung ist einfach mit einem Eichenfußboden des 18. Jh. aus der Haute-Marne-Region und mit Wänden aus Naturholz.*

Die ästhetisch schönsten Häuser sind jene, die der Umgebung, in der sie errichtet wurden, am besten entsprechen. Besonders in waldreichen Gebieten scheinen Blockhäuser buchstäblich aus dem Boden gewachsen zu sein. Unter den vielen Baustilen, die es auf der ganzen Welt für Blockhäuser gibt, denken wir vor allem an die Häuser aus kälteren Gebieten. Sie erwecken in uns ein romantisch-nostalgisches Gefühl nach einem vergangenen Lebensstil: das alpine Chalet oder das skandinavische Bauernhaus – oft tief verschneit –, oder eine amerikanische Blockhütte hoch oben im Waldgebirge oder in der offenen Prärie. In diesen Behausungen siegen das praktische Leben und die Kreativität über die harschen langen Winter, in denen die Elemente unseren Geist auf eine harte Probe stellen. Vielleicht träumen wir davon, noch über die Ressourcen und die Handfertigkeiten unserer Vorfahren zu verfügen, die imstande waren, von Hand prächtige Objekte aus beliebigen reichlich vorhandenen Rohstoffen herzustellen. Vielleicht liegt die Attraktivität aber auch darin, daß Blockhäuser uns Stadtbewohner daran erinnern, daß ein naturnahes Leben noch möglich ist und daß natürliche Baustoffe unsere Lebensqualität erhöhen.

Mit dieser Art der Architektur fällt es leicht, eine lebendige Umgebung zu schaffen, so daß der Übergang zum Wald fast nicht auffällt. Die harmonische Integration der Inneneinrichtung in die umgebende Außenwelt erreicht man teilweise durch die großzügige Verwendung von Glas. Große Panoramafenster, die vom Boden bis fast zur Decke reichen, erlauben nicht nur einen ungehinderten Blick in die Landschaft, sondern schaffen auch ein intensives Raumgefühl und die Illusion, daß das Hausinnere zum Wald gehört. Durch die Entwicklung wärmedämmender Fenster können Architekten vermehrt Glas einsetzen und eine engere Verbindung zwischen Innenraum und Außenwelt schaffen.

Bei vielen traditionellen Blockhäusern wurde die innige Beziehung zwischen Innen und Außen durch überdachte Veranden verstärkt, die in heißen Gebieten den Wohnraum des Hauses nach außen vergrößerten. Waren diese Veranden geschickt angebracht, so gestatteten sie oft einen Panoramablick über die umgebende Landschaft.

Oben Les Fermes des Grands Champs im Dorf Choseaux am Fuß des Mont d'Arbois bei Megève ist ein Museum alter savoyardischer Bauernhäuser. Sie wurden von Meistern ihres Faches mit alten Materialien aus den Regionen Maurienne und Tarentaise restauriert.

Weitere wichtige Elemente in Blockhäusern sind Licht, Raum, Form und Funktion. Sie alle bilden integrierende Teile eines architektonischen Stils, den man heute skandinavisch nennt. Wie der Name sagt, stammt er aus Nordeuropa, wo seit jeher ein großes Verständnis für die Beziehung zwischen Menschen und ihrer Umwelt besteht. Dies zeigt sich auch im Innendesign, besonders im sensiblen Umgang mit dem Holz. Verständnis für dessen Eigenschaften gepaart mit Understatement bilden den Schlüssel für die Planung vieler skandinavischer Blockhäuser.

Rechts Bei der Befestigung einer Holzwand in einer anderen schneiden europäische Zimmerleute viereckige Zapfen zu, die sie in entsprechende Löcher zwischen je zwei Planken stecken.

Ganz oben Ein großer Rauchfang aus Balken thront über der steinernen Feuerstelle in La Ferme du Chatel. Trotz ihrer offenen Bauweise treten an solchen Kaminen selten Brände auf.

Oben links Das Haus La Ferme d'Hauteluce enthält viele Fichtenholzmöbel des 18. und 19. Jh. aus der Haute-Savoie. Die Balkenwände bilden den idealen Hintergrund für die rustikalen Möbel.

Oben Für Eckverbindungen in Blockbauten gibt es verschiedene Techniken. Hier wurden die Balken schwalbenschwanzartig eingeschnitten. Auch rechtwinklige Überblattungen sind möglich.

Ob die Innenwände aus runden Stämmen oder flachen Balken bestehen, die Zimmerleute des Nordens kennen unzählige Typen für die Eckverbindungen, zum Beispiel Verkämmung oder Überblattung. Diese Eckausbildungen üben einen starken dekorativen Einfluß auf den Charakter des Raumes aus.

Zu jedem Blockhaus, mag es sich um eine einfache Hütte oder ein größeres Bauernhaus handeln, gehört ein großer Wohnraum mit einem offenen Kamin. Die anderen Räume zweigen von diesem zentralen Wohnraum ab: Küche, Schlafzimmer – ob auf derselben Ebene oder im erhöhten ersten Geschoß – und Badezimmer, nebeneinander oder getrennt. In einem größeren Gebäude findet auch noch ein Arbeitszimmer Platz. Dieser Grundriß geht auf traditionelle mittel- und nordeuropäische Blockhäuser aus handgesägten Balken zurück, bei deren Konstruktion der Bauherr stets an den harten Winter dachte. Der Wohnraum stellte das Zentrum des Hauses dar und war so groß, daß man dort auch Kochtöpfe und andere Kochutensilien, Betten, Tische, Bänke Truhen und große Schränke unterbringen konnte.

Obwohl die praktische Verwendung und nicht so sehr die Dekoration im Vordergrund stand, wurde doch jeder einzelne Gegenstand mit exquisitem Geschmack und handwerklichem Geschick geschaffen: Ein Behälter für Nahrungsmittel wurde mit geschnitzten Abbildungen von Küchengeräten geschmückt, und der Deckel einer Tabaksdose trug die Form eines Löwen. Farbe kam mit Hilfe von Malerei und Textilien ins Haus, und die ästhetischen Qualitäten der gesägten oder zubehauenen Holzwände, der Dachträger, des Parkettbodens und der einfachen Möbel wurden durch Schablonenarbeiten, Marmorierungen und Darstellungen aus der Volkskunst verstärkt. Decken über Betten und Möbeln und Bodenbeläge änderte man im Lauf der Jahreszeiten: In den langen Wintern verwendete man schwerere Qualitäten und ersetzte sie im Sommer meist durch leichteres Naturleinen, das oft kunstvoll bestickte Säume aufwies.

Diese und gegenüberliegende Seite
Im Speisezimmer dieses elisabethanischen Hauses in Brookgate an der Grenze zwischen England und Wales ist das Fachwerk deutlich zu erkennen, besonders das typisch englische Cruck-frame. Die Gefache wurden mit rotem Siena gestrichen. Der eicherne Refektoriumstisch, die Stühle und Bänke stammen aus dem 16. Jh. und stehen auf massiven Steinplatten. Der Wohnbereich (unten rechts) befindet sich in der originalen Dachkammer des Hauses, das im Jahr 1350 erbaut wurde.

Für jedes Blockhaus und jedes Fachwerkhaus gilt: Die Ausstattung der Innenräume muß mit der Textur und der Farbe des sichtbaren Holzes und der Konstruktionsweise der Wände übereinstimmen. Besonders eindrucksvoll ist es, wenn die tragenden Elemente nicht hinter Putz versteckt liegen, sondern auch im Design die Hauptrolle übernehmen. Die Ständer, Balken und Verstrebungen, die massiven Stützen der Dachsparren und alle anderen sichtbaren Elemente haben aber zunächst einmal eine tragende und erst in zweiter Linie eine ästhetische Funktion.

In Fachwerkhäusern kann ein farbiger Anstrich oder eine Tapete über den Gefachen für eine gewisse Ablenkung vom

Ob die Stämme geschält oder ungeschält oder mit Volkskunst verziert sind, immer dominiert im Raum das Gefühl einer Regelmäßigkeit.

Diese und gegenüberliegende Seite *Eine außergewöhnliche volkstümliche Malerei im Gästezimmer eines Bauernhauses in Heddal, Telemark, Norwegen. Sie wurde 1782 im wesentlichen von Olav Hansson geschaffen. Hansson war einer der bekanntesten Künstler in der Telemark und widmete sich ebenso religiösen wie säkularen Themen. Er ließ sich vom täglichen Leben und den Volksfesten inspirieren, wie ein Blick auf die Eingangstür bestätigt. Er bezog seine Themen auch aus Büchern, wie der Elefant über dem Himmelbett beweist. Der Aufsatzschrank wurde 1754 gebaut und später von einem unbekannten Künstler verziert.*

dominierenden Holz sorgen. In traditionellen Blockhäusern gibt es aber kein Entkommen von der starken Präsenz des Holzes. Keine Form häuslicher Architektur beeinflußt den Stil der Inneneinrichtung mehr als der Blockhausbau. Mit handwerklichem Geschick nutzten die Bewohner Mittel- und Nordeuropas die langen Winterabende, um warme, bunte und einladende Häuser zu schaffen. Dekorative Volkskunst stellte einen integrierenden Teil des skandinavischen Kulturerbes dar, und oft fügte jede Generation etwas Neues zum Design des Hauses hinzu. Die natürlichen Farbpigmente sehen auf den Stämmen außergewöhnlich aus. Chintz, Tapeten, Zierleisten und andere Dekorationen wären völlig fehl am Platz. Trotz der modernen Technologie haben sich die ursprünglichen Konzepte erhalten: praktische, einfache, gut gebaute Möbel mit farbigem Schmuck.

„Jedes Detail besaß strukturelle Bedeutung. Die verlängerten Stammenden und die Eckverbindungen wurden zu dekorativen Elementen."
Andrew Jackson Downing

Diese und gegenüberliegende Seite
Das Innere dieses Blockhauses in der Nähe von Aspen, Colorado, USA, zeigt Einflüsse der Great Camps der Adirondacks, besonders beim Dekor aus Rinden, Zweigen und Ästen am Kamin (oben links und Mitte). Es handelt sich allerdings um einen in den Westen verpflanzten Adirondacks-Stil. Die großzügige Holzstruktur mit den weiten Ausblicken und der großen Lichtfülle erinnern eher an Blockhäuser im Westernstil im Yellowstone National Park. Viele der hier verwendeten Baumstämme stammen von dort. Sie blieben nach einer Brandkatastrophe jahrelang als totes Holz stehen und wurden dann gefällt. Die Hölzer wurden nicht behandelt. Und obwohl sie trocknen konnten, führt die Wärme im Haus doch dazu, daß sie sich immer noch verziehen und dabei krachen. Gelegentlich hört es sich wie ein Donnerschlag an.

Sinn für die Proportionen ist wesentlich bei einer derart dominanten Inneneinrichtung. Automatisch maßgebend ist dabei die Art der Konstruktion: Eine unkörperlich wirkende Tür aus furniertem Holz oder ein fein geschnitztes Treppengeländer wären in einem rustikalen Blockhaus fehl am Platz. Holz verlangt Aufmerksamkeit. Die Inneneinrichtung sollte stets die natürliche Schönheit des Holzes ergänzen. Die früheren Bewohner von Blockhäusern wußten instinktiv, daß die Inneneinrichtung nicht in Konkurrenz treten darf mit den symmetrischen Dachstühlen und der Struktur der Wände mit ihren langen Linien und regelmäßigen Krümmungen. Deswegen wählten sie nur einfache Möbel aus natürlichen Materialien, wobei sie sich von der Umgebung inspirieren ließen. Leinen und Wolle färbten sie mit Pflanzenfarben, verspannten sie zu Garnen und stellten daraus Stoffe für Bettüberzüge, Kissen, Sofas, Wandbehänge, Vorhänge und Teppiche her.

Die europäischen Siedler brachten ihre handwerklichen Fähigkeiten und dekorativen Traditionen in die Neue Welt und paßten sie dort den neuen Gegebenheiten an. Häuser aus behaue-

Links *Die Möbel in dieser Lodge in Aspen sind stark vom rustikalen Inneren aus Baumstämmen beeinflußt. Ihre Form inspiriert sich an Gestalt und Textur des verwendeten Holzes. Das abgebildete Bett mit der massiven Sitzgelegenheit im Vordergrund und den verästelten Stämmen am Kopfende, die die Wand hinaufzuwachsen scheinen, erinnern an das Design der Adirondacks.*

Gegenüberliegende Seite *Selbst im Badezimmer dominieren die Formen der gewachsenen Stämme das Design. In der gesamten Lodge verwendete die Designerin Holly Lueders natürliche Elemente. Zusätzlich zu den nackten Hölzern im Badezimmer stammen die Fliesen von einem lokalen Steinbruch.*

nen Stämmen im mittleren Westen, im Westen und im Südwesten der Vereinigten Staaten zeigen im Inneren oft vollrunde oder abgerundete Flächen. Flache Balken bevorzugte man eher im Osten – ähnlich wie in Europa und Skandinavien. Die Rinde beließ man auf den Stämmen, um den rustikalen Charakter der Innenräume zu verstärken. Man schälte sie nur ab, wenn ein etwas raffinierteres Erscheinungsbild beabsichtigt war. Die Verbindungen und die Profile der Stämme an den Ecken stellen einen kreativen Beitrag zur Raumgestaltung dar und sind ähnlich bedeutend wie die Textur und die Farbe des Holzes. Die Architekten erzielten mit einer Kombination heller und dunkler Hölzer große Wirkung. Sie nahmen helle Hölzer für die Auskleidung von Innenräumen und gestalteten aus dunklem Holz Fenster- und Türrahmen. Sehr dekorativ wirkten dunkle Sparren mit kontrastierenden hellen Brettern darüber. Bei Holzarten, die sich leicht färben lassen, kann man diesen Effekt auch durch dunkles Beizen simulieren.

Viele Blockhäuser aus der frühen Kolonialzeit wurden mit bunten Bildern von Bergblumen und anderen Symbolen aus der Heimat der Siedler geschmückt. Doch nach und nach entstanden lokale Traditionen. In Nordamerika ließ man sich dabei vom farbigen Dekor der Navajo und anderer Indianerstämme inspirieren, die über eine eigene materielle Kultur mit vielen Textilien und Einrichtungsgegenständen verfügen. Es erschienen kräftige Farben wie Rot und Gelb, Blau, Creme und Schwarz. Sie dominieren in den Webarbeiten vieler amerikanischer Indianer und stellen die Sonne, das Meer und den Himmel, das Tageslicht und die Nachtzeit dar. Als Dekorationen auf Teppichen und Wandbehängen traten bald kühne geometrische Muster aus der indianischen Stammessymbolik sowie stilisierte fliegende Vögel, Pfeile und Kopfschmuck aus Federn auf.

Links *Der Blockhausbereich dieses Hauses in Sun Valley, Idaho, USA, wurde aus Stämmen mit unregelmäßigen Durchmessern gebaut. Dabei verwendete man ein skandinavisches Verfahren: Der jeweils untere Stamm wurde ausgekehlt, damit der darüberliegende bündig anschließen konnte, ohne daß Lücken entstanden. Die Wände wurden aus grünen, ungelagerten Hölzern gebaut. Sie ziehen sich während des Austrocknens zusammen und passen dadurch eng aufeinander. Aus diesem Grund ist es nicht nötig, die Fugen abzudichten. Die Ecke in einem Verbindungsgang zwischen dem Gästezimmer und dem Badezimmer zeigt den grundlegenden Unterschied in der Oberflächenqualität zwischen behauenen und unbehauenen Stämmen, deren Fugen abgedichtet werden müssen. Der Unterschied ergibt sich dadurch, daß die Stämme dicht aufeinandersitzen und nicht optisch durch das Fugenmaterial unterbrochen sind. Die Wand sieht dann so aus, als sei sie aus einer einst flachen Balkenwand in dieser Form herausgeschnitzt worden.*

Das Möbeldesign verwendete auch zahlreiche Objekte aus der Umgebung; damit verstärkte sich die Beziehung zwischen Innen- und Außenwelt. Gleichzeitig konnten die Handwerker ihre Geschicklichkeit unter Beweis stellen: Eine Lampenbasis aus einem knorrigen Ast, geglättet und gebeizt, erzeugt eine große Wirkung. Der Holzrahmen eines Sofas aus dünnen, glatt polierten Stämmen will bewundert sein und nicht unter Textilien verborgen bleiben. Und als bequemer Sitz dient ein Stuhl aus drei gleich langen Stammstücken, die oben mit Leder überzogen wurden.

Um diese dekorativen Elemente am besten zur Geltung zu bringen, eignet sich ein Holzboden ganz besonders gut. In der Regel sind solche Böden aus hochpoliertem Parkett ausgeführt. Heute nimmt man oft auch gekalkte Holzböden, weil sie natürlich aussehen. Gute Alternativen sind Steinböden, auf die man kleinere Teppiche aus Naturfasern in Hellbraun oder in Cremetönen legt. Solche Bodenbeläge passen sehr gut zu den Innenräumen neuer bzw. renovierter Blockhäuser.

Verfügt das Haus über mehr als ein Geschoß, so wird die Treppe zu einem wichtigen architektonischen Element. Je kreativer der Bauherr oder der Architekt, um so phantasievoller kann die Treppe, das Geländer und der Handlauf ausfallen. Mit neuen Techniken und Materialien, die mit dem sonst allgegenwärtigen Holz in Kontrast stehen, kann man innovative Treppenhäuser schaffen, die in einer Kurve von einem Geschoß zum anderen führen oder die mittendrin im Raum aufgehängt erscheinen. Bei einigen Blockhäusern sieht man ganz individuelle, charaktervolle Treppenhäuser: knorrige Stämme und Äste, sogar Schößlinge, dienen als Balustraden, ganze Stämme als Spindeln für Wendeltreppen, halbierte Stämme als Auftritte und zugesägte Balken als Holzstufen. Kombinationen aus verschiedenen Materialien, etwa Äste aus Amerikanischer Zeder mit kleinen halbierten Stämmen für die Balustrade, schaffen regelmäßige Muster, die den Stil der Inneneinrichtung ergänzen.

Handläufe aus Ästen, die noch ihre Rinden tragen, sind beispielsweise ideal in Blockhütten, passen aber nicht in ein raffinierteres Ranchhouse, das eher nach entrindetem und poliertem Holz verlangt. Die Spindeln von Wendeltreppen werden oft von Künstlern aus dicken Stämmen geschnitzt. Für die Muster lassen sie sich von der Umgebung inspirieren und bilden Vögel, Blüten,

Oben und ganz oben *Der große Kiefernstamm links vom Eßbereich wurde von einem Blitz getroffen und trägt auf seiner ganzen Länge einen senkrechten Spalt davon. Stämme mit solchen besonderen Merkmalen werden von Architekten besonders gesucht. Sie bringen ein bißchen Waldgeschichte in das Wohnhaus. Die freischwebende Wendeltreppe kontrastiert mit der soliden linearen Stabilität der Blockhauswände.*

Links *Vier gigantische Säulen aus Douglasfichten bilden die Eingangshalle dieses Hauses in Sun Valley. Die bereits abgestorbenen Stämme standen noch fünf Jahre lang im Wald und wurden dann ausgewählt und gefällt.*

Mythen oder Stammessymbole ab. Der Kamin ist der Mittelpunkt in vielen zentralen Wohnräumen. Er befindet sich häufig in der Mitte des Raumes, meistens aber an einer Wand. An einer Wand aus Holzstämmen sieht so ein Kamin besonders dekorativ aus, wenn er aus abgerundeten glatten Steinen aus einem Fluß der Gegend oder aus Ziegeln mit glatter weißer Oberfläche aufgebaut ist. Eine Feuerstelle in der Mitte eines Wohnraumes ist in der Regel auf beiden Seiten offen. Ein Kamin steigt bis zur Decke hoch. Auf einem hölzernen Kaminsims ist Platz für die unterschiedlichsten Objekte.

Einen großen Einfluß auf den Innenausbau von Blockhäusern und überhaupt auf das Design vieler zeitgenössischer Häuser übt der Santa-Fe-Stil aus. Als die Spanier im 17. Jahrhundert nach Mexiko einfielen, kamen zwei bunte Kulturen miteinander in Kontakt und führten zu einer Vielfalt von Schmuckelementen. In den Häusern der Reichen bestanden die Decken nach traditionell spanischer Bauweise aus Stämmen und flachen Planken darüber. Einfache Fußböden aus Naturstein oder gebrochenem Stein und hellbemalte Steinwände lieferten den idealen neutralen Hintergrund für eine ganze Palette der Volkskunst: naive Portraits, religiöse Symbole, Schränke mit Schnitzereien, lokale Keramiken und Textilien. Obwohl die Wände von Adobehäusern aus Stein oder dickem Lehm bestehen, zeigen die Decken traditioneller Häuser im Santa-Fe-Stil Decken mit Rundbalken nach Art der indianischen Pueblos. Die Stämme werden von Schößlingen der Amerikanischen Zeder (Latillas) eingefaßt, die man im allgemeinen weiß anstreicht. Massive Baumstämme tragen die Decke. Ursprüngliche Adobehäuser haben einen Fußboden aus Erde, doch die meisten modernen Häuser in diesem Stil zeigen Böden aus Stein oder Ziegel.

Das Innere zeitgenössischer Santa-Fe-Häuser wirkt leicht und bunt und enthält eine Mischung aus spanischer und indianischer Volkskunst: eine Häuptlingsdecke der Navajo als Wandbehang, einen prächtigen Topf mit glänzender schwarzer und roter Glasur, einen geflochtenen Korb der Cherokee. Selbst indianischer Schmuck entwickelte sich zu einem Wohnaccessoire an Wänden. Aus Stämmen bestehen auch die traditionellen Kiva-Leitern, die zu unterirdischen Versammlungsräumen gleichen Namens in den Pueblo-Dörfern führten. Nur noch in ferner Erinnerung daran dienen sie heute als vorzügliche Bibliotheksleitern.

Rechts, rechts außen und gegenüberliegende Seite *Im großen Wohnbereich finden wir Stämme, Verputz, Gestein und Glas zu einem Design mit effizienter passiver Solarheizung vereint. Das gesamte Haus wurde umweltfreundlich gebaut. Im Boden wurden 3000 Kilogramm lokaler Granit verarbeitet. Zusammen mit einer zehn Zentimeter dicken Zementschicht darunter bildet er einen Speicher, der Wärme aufnimmt und abstrahlt. Die Wände im Haus bestehen entweder aus unregelmäßigen, aber sich wiederholenden Rundbalken oder glatten, weißgetünchten Adobe-Abschnitten im Santa-Fe-Stil. Durch die Kombination dieser beiden Elemente entsteht ein Gefühl von Licht und Raum.*

Links außen *Die geschwungenen Linien der weißgetünchten Adobe-Wand geleiten das Auge in den Wohnraum, in dem mächtige senkrechte Säulen und Trennwände aus waagrechten Ständern als Gestaltungselemente auftreten. Der Granitboden und die großen Fensterfronten verstärken das Gefühl, in der Natur zu sitzen. Das Haus ist von Licht durchflutet.*

Links *Das Studierzimmer wird teilweise von einer Wand aus waagrechten Stämmen gebildet. Diese wurden in unterschiedlichen Längen zugeschnitten, um den Anschein des Natürlichen und Zufälligen zu erwecken.*

Besonders effektvoll in solchen überwiegend aus Holz bestehenden Räumen ist das Lichtspiel auf den unterschiedlichen natürlichen Oberflächen. Je nach der Oberfläche des Holzes und seinem Finish kann das Licht die Maserung voll zur Geltung bringen. Durch die Nachbarschaft von Holz und weißem Putz ergibt sich ein lebhaftes Wechselspiel von Licht und Schatten.

Zeitgenössische Architekten und Designer greifen bewußt auf die schier unendliche Fülle natürlicher Farben, Oberflächenstrukturen und Maserungen zurück, um dekorative Effekte zu erzielen. Auch die Rauhheit, die durch die grobe Brettsäge entstanden ist, sowie die Spuren von Äxten und Hobeln gehören alle zum Innendesign. Wachspolitur, die Alterspatina und Holzrauch sind die besten Behandlungsweisen für Holzwände im Hausinnern oder Skelettstrukturen. Dicke Polyurethanlacke sollte man nicht verwenden, da sie ein Atmen des Holzes verhindern und dem Finish einen gelben Ton verleihen.

Im Inneren der Blockhäuser auf der ganzen Welt ist es üblich, die Zwischenräume zwischen den tragenden Ständern mit Brettern zu verschalen, die man oft weiß, cremefarben oder auf traditionell skandinavische Weise blau anstreicht. Damit entsteht ein wundervoller Kontrast zwischen der glatten Oberfläche der Bretter und der Rauhheit der tragenden Ständer. Im Sinne einer größeren Vielfalt muß man durchaus nicht überall gleich vorgehen: Einzelne Zimmer bleiben unverschalt, während man andere mit Brettern verkleidet. Mit diesem Verfahren kann man Stromkabel und Warmwasserleitungen und manchmal auch die allzu dominanten Stämme dem Blick entziehen.

Am leichtesten ist der Inneneinrichtungsstil des traditionellen amerikanischen Blockhauses zu erkennen. Der amerikanische Cowboystil ist der Traum vieler Amerikaner und verkörpert den Pioniergeist. Diesen Stil schuf der Inneneinrichter Thomas Canada Molesworth in den dreißiger Jahren. Er nahm als Vorbild den Landbewohner und erhob dessen rauhen Lebensstil zu dekorativen Höhen. Stattliche Ledersessel schmückte er mit Heroen im John-Wayne-Stil, mit Fransen und Metallnieten.

Molesworth war ein Meister in der Verarbeitung von krebsartigen Wucherungen des Holzes. Für einen geschickten, kreativen Handwerker ist eine solche Wucherung wie ein wertvolles Juwel, aus dem er die Platte eines Beistelltisches oder die Sitzfläche eines Stuhls formt. Die Möbel, die Molesworth und sein Team aus

Traditionelle Materialien und moderne Technologie schaffen ein innovatives Design, das gut in die natürliche Umgebung paßt.

Gegenüberliegende Seite *Die goldfarbenen Stämme stellen in diesem Schlafzimmer den idealen Hintergrund für die wenigen Schmuckelemente dar. Hübsch wirkt der Kontrast mit dem Fußboden und dem kühlen Weiß der Bettwäsche.*

Stämmen und Ästen entwarfen, spiegelten die rustikale Tradition Amerikas wider. Als Hölzer bevorzugte er wegen ihres Gefüges und der Stabilität die Murraykiefer und die Balsamtanne. Seine Fähigkeiten als Designer machten es möglich, die Romantik des Wilden Westens einzufangen und in der Inneneinrichtung jedermann zugänglich zu machen.

Molesworth ließ sich von Indianerkulturen inspirieren und verwendete deren leicht erkennbare Embleme zusammen mit der Kaktuspflanze und den vertrauten Cowboymotiven. Büffel- und Stierköpfe, bunte Gewebe und Teppiche, pfeilförmige Vorhangstangen, Bezüge aus Ponyfellen, Kerzenleuchter aus Schmiedeeisen und Ledersessel – alles in gewaltigen Ausmaßen für richtige Männer, ja Helden gedacht, die draußen drei deftige Mahlzeiten pro Tag einnahmen – das waren die wiederkehrenden Muster seiner Inneneinrichtungen aus den dreißiger Jahren und sind heute noch die dekorativen Elemente des Westernstils. Behälter für wichtige Dokumente wurden mit Leder überzogen und beschlagen; Cowboyhalstücher aus Baumwolle wurden eingerahmt und als Kunstwerke an die Wand gehängt. Auch Lampenschirme und Kissenbezüge waren aus Leder, rauhe Wolldecken verwendete man als Sofabezüge. Sie waren im typischen Präriestil gemustert und in Leder eingefaßt. Cowboyhüte, die man an Geweihen aufhing, wurden lange vor dem Marlboro Man und Ralph Lauren zu wichtigen Accessoires. Molesworth bewies, daß man den amerikanischen Mythos verschönern konnte, ohne ihn allzu kitschig aussehen zu lassen – und war dabei erfolgreich.

Massive Stämme und heimische Steine bilden den idealen Hintergrund für indianische Textilien und andere Gegenstände.

__Links außen__ Das Schlafzimmer in diesem Blockhaus in Sun Valley erinnert an den Südwesten der USA. Der Eindruck wird von indianischen Textilien verstärkt. Das Flechtbett und der Nachttisch aus Birkenästen gehen auf die Great Camps zu Beginn unseres Jahrhunderts zurück.

__Links oben und unten__ Die Wände aus massiven verfugten Kiefernbalken führen vom Eingangsbereich in das offene Wohnzimmer. Die dicke Ahornplatte neben der Spüle ruht auf einem Unterbau aus Steinen.

Links und oben *Der gesamte erste Stock dieses Blockhauses in Aspen, Colorado, ist zum großen Aufenthaltsraum unten geöffnet. Der Skelettbau besteht aus 400 Jahre alten Lärchen, die Käfer in den dreißiger Jahren zum Absterben brachten. Der erste Aufbau erfolgte in Montana. Später wurden die Bauteile numeriert, abgebaut und in Aspen neuerrichtet. Die massiven Stämme verdecken Stahlträger, die für die großen Spannweiten dieses luftigen, lichten Raumes notwendig wurden. Das Bett im Schlafzimmer ist aus der Roten Amerikanischen Zeder und wurde aus Mexiko importiert.*

Täfelung

Innenwände werden seit jeher verziert. Die Täfelung entstand erstmals im 15. Jahrhundert in Nordeuropa als Schutz gegen Luftzug. Man verwendete dazu eine Reihe von Holzplatten in Rahmenkonstruktionen mit Holzfüllungen. Die Täfelung konnte vom Boden bis zur Decke reichen oder nur einen Teil der Wand bedecken. Die handwerklichen Techniken und die Stile veränderten sich im Lauf der Jahrhunderte. Die Künstler suchten neue Ausdrucksformen. So gesellten sich zur Täfelung Schnitzarbeiten sowie Anstriche und dekorative Malereien. Die Täfelung stellte für den Handwerker oder Künstler eine Bühne für seine Kreativität dar. Sie schnitzten in die Täfelung die unterschiedlichsten Motive und Wappen. Die Faltenverzierung kam zuerst in Flandern auf, und wahrscheinlich ahmte man damit einen Vorhang nach. Arabesken, Medaillons, Blattwerk und allegorische Darstellungen waren weitere populäre Motive. Geometrische Muster erzeugte man durch Leisten, die man auf die Holzplatten aufbrachte. Täfelungen und andere Wandverkleidungen wechselten sich im Lauf der Zeit ab. Der Höhepunkt der Entwicklung kam im 18. Jahrhundert in Frankreich mit hochdekorativer bemalter oder eingelegter Täfelung. Qualitativ hochstehende Harthölzer wurden oft im natürlichen Zustand belassen, während man weniger wertvolle Hölzer fast immer bemalte oder beizte.

Oben Einfache Kassettendecke in einem englischen Landhaus des 19. Jh.

Links Bemalte Täfelung in der Simon Huntington Tavern von Norwich, Connecticut, USA, frühes 18. Jh., restauriert von Stephen Mack.

Links Diese Eichentäfelung aus einem Haus des 17. Jh. wurde ins Athelhampton House in Dorset, England, transferiert. Ursprünglich war sie naturbelassen. In den 30er Jahren strich man sie braun und ging 1985 zur heutigen Farbe über.

Unten Täfelung aus dem 19. Jh., die direkt auf dem Fachwerk aus der frühen Tudor-Zeit aufliegt.

Die Täfelung breitete sich in waldreichen Gebieten im Mittelalter aus. Man wählte diese Art der Verkleidung oft als Ersatz für Verputz und Kalktünche. Häufig verkleidete man die senkrechten Ständer im Hausinneren mit vertikalen Brettern. Wenn man dazu Eiche oder Tanne nahm, beließ man das Holz in der Regel im natürlichen Zustand. Minderwertige Weichhölzer hingegen bemalte man der Mode gemäß. In den größeren Häusern der Tudor-Periode bestand die Täfelung aus Eiche. Man zog sie bis in Brusthöhe hoch oder verkleidete damit sogar die gesamte Höhe. Muster aus der Renaissance zusammen mit einer Nostalgie nach mittelalterlichen Stilen führten zu einer eklektischen Mischung klassischer und gotischer Elemente mit Motiven wie dorischen, ionischen und korinthischen Säulen, Akanthusblättern oder Eierstäben. Eine flache Täfelung verzierte man oft mit einem geschnitzten Fries, dessen Details man durch farbigen Anstrich, Vergoldung oder gar Einlegearbeiten erhöhte.

Rechts Ein großer Teil der Faltendekors auf der Täfelung des Athelhampton House wurde im 16. Jh. geschnitzt. Hier handelt es sich aber um Kopien eines Tudor-Originals aus der Mitte des 19. Jh.

Durch technische und handwerkliche Verbesserungen konnten die Holzplatten der Täfelung im Barock größer werden und zeigten ausdrucksstärkere und ausgeprägtere Schnitzarbeiten. Man begann die Täfelung als tragbare Inneneinrichtung zu betrachten, die man zum Beispiel im Erbfall abbauen und anderswo wieder aufbauen konnte. Es entstand auch ein Trend, minderwertiges Holz wie teureres aussehen zu lassen. Täfelung aus Kiefer oder Fichte unterwarf man einer Oberflächenbehandlung, so daß das Holz wie Eiche aussah. Sonst wurde Holz bemalt – einfarbig, marmoriert oder schildpattartig. In den größten Häusern bildeten die Künstler oft Architekturmotive ab, wobei die geschnitzten Elemente häufig extra bemalt oder vergoldet wurden.

Unten links und ganz unten *Eichentäfelung aus dem 16. Jh. schmückt die Wände des King's Anteroom im Athelhampton House.*

Unten *Athelhampton House war ein sehr vornehmes Haus. Der State Bedroom zeigt einen Fries aus feingeschnitzten Eichenpaneelen aus der Tudorzeit. Himmelbett und Tischchen sind aus Eiche und stammen aus der Zeit von Charles I. Der Bettüberwurf ist aus dem 18. Jh.*

Rechts Die North Chamber des Silas Deane House in Wethersfield, Connecticut, weist eine wunderschöne Täfelung aus der Mitte des 18. Jh. auf. Silas Deane heiratete eine reiche Frau. Als Angehöriger einer der wohlhabenden „River-God"-Familien wollte er seine Nachbarn mit seinem Stil beeindrucken. Das Haus wurde 1766 nach französischen Plänen errichtet. Die flache Täfelung ohne Kaminsims ist aber sehr typisch für Connecticut.

Unten Die Farbe dieser einfachen Täfelung in der Simon Huntington Tavern (18. Jh.) wurde während der Restaurierung durch Stephen Mack sorgfältig originalen Farbproben angepaßt.

Oben Die Täfelung im Yorktown Parlour des Joseph Webb House in Wethersfield wurde in den 20er Jahren weiß gestrichen. Im 18. Jh. war sie wohl olivgrün. Die Wandtapeten zeigen Militärszenen und wurden 1916 in Hardford von Hand gemalt. Der Überlieferung zufolge wurde die Schlacht von Yorktown in diesem Raum geplant.

Die Holztäfelung als Wandverkleidung blieb bis in die Mitte des 18. Jahrhunderts modern. Dann wurde sie von Tapisserien sowie Seiden- und Baumwollstoffen abgelöst, die man auf Rahmen spannte, und die ersten Tapeten kamen auf. Nach 1760 verschwand die Täfelung nach und nach und machte einem Wandverputz Platz. Erst in der viktorianischen Zeit wurden Eingangshallen, Speise- und Arbeitszimmer wieder getäfelt, während man Wohnzimmer und Salons mit Tapeten auskleidete.

Die frühen Siedler in Nordamerika brachten viele europäische Dinge, die sie liebten, in die neue Heimat, darunter auch die Holztäfelung. Zunächst wurde sie nur sparsam eingesetzt. Obwohl viele bessere Häuser in der zweiten Hälfte des 17. Jahrhunderts Kamine in mit Holzbrettern verkleideten Wänden hatten, blieb das Holzskelett des Hauses in den übrigen Räumen, besonders in den oberen Stockwerken, unverkleidet. Mit einer Täfelung versehene Wände wurden erst im 18. Jahrhundert ein Merkmal amerikanischer Häuser. Damals verkleidete man viele Räume in den feinsten Häusern vom Boden bis zur Decke mit Holz. Dekorative Trends aus Europa wurden schnell von den Kolonisatoren übernommen, die ihrer alten Heimat immer emotional nahestanden. Durch das dort herrschende grellere Licht erschienen die Farben allerdings heller. Man bemalte die Täfelung mit starken Erdfarben wie Gelb, Orange, Rot, Braun sowie Grün und Blau. Flache Holzpaneelen versah man auch mit einer künstlichen Maserung oder marmorierte die Oberfläche.

Amerikanische Häuser im Federal Style und des Empire besaßen eine Täfelung oft nur an der Wand, an der sich die Feuerstelle befand. Sonst reichte sie nur bis in eine gewisse Höhe und

Rechts *Die Farben der Täfelung im Silas Deane House beruhen eher auf Interpretation als auf der Analyse von Farbproben. Der Sandsteinkamin stammt von Middletown.*

Unten *Die getäfelte Kaminwand und die niedrige Täfelung im Eßzimmer dieses Hauses von 1835 im Staat New York wurden aufgrund einer alten Fotografie rekonstruiert.*

Gegenüberliegende Seite und rechts Als dieses frühgeorgianische Haus in Spitalfields, London, England, erbaut wurde, zeigte die Täfelung entweder nur eine einzige Farbe (wie im Salon rechts) oder war in einem dunkleren und einem helleren Ton derselben Farbe gehalten. Dadurch wurde das Relief der Täfelung verstärkt – allerdings nicht so stark wie durch die prächtige Blattvergoldung, die der jetzige Besitzer anbringen ließ.

zeigte geschnitzte Blattmotive sowie Gitterwerk als Dekoration. Paneele aus Weichholz strich man an oder behandelte man so, daß sie wie Mahagoni aussahen. In der viktorianischen Zeit kam eine Holztäfelung aus Eiche, Mahagoni und amerikanischen Hölzern wie Ahorn und Kirsche in Mode. In Häusern der Arts-and-Crafts-Bewegung in Großbritannien und den USA zog man die Täfelung weiter hoch, in den Eingangshallen und Speisezimmern reichte sie bis zur Decke. In einfacheren Häusern war weiterhin Kiefern- oder Fichtenholz vorherrschend. Damals galten Anstriche in Olivgrün, Creme und Elfenbein als modern.

Zur Zeit des Jugendstils bauten Architekten wie Charles Rennie Mackintosh und Frank Lloyd Wright eine Täfelung mit senkrechten Paneelen in ihr Design ein, wobei sie fast schwarz gebeizte Kiefer verwendeten. Der amerikanische Beaux-Arts-Stil entwickelte sich parallel dazu, und von 1870 bis 1920 galten getäfelte Wände in Eingangshallen und Speisezimmern als letzter Schrei. Oberhalb der Täfelung verwendete man farbigen Verputz oder gemusterte Tapeten. Die Amerikaner liebten zu jener Zeit klassische, europäische Stile: Salons, Bibliotheken und Speisezimmer wurden in französischem Stil gehalten und zeigten eine Täfelung (Boiseries) oft mit Girlanden und Siegeszeichen im Flachrelief. Die Motive wurden vergoldet vor einem weiß, grün oder blau bemalten Hintergrund.

Die Täfelung konnte ganz einfach, kassettiert oder aufwendig geschnitzt sein und die unterschiedlichsten Schmuckmotive aufweisen, etwa Rechtecke, Quadrate oder Rauten.

Holz spielte in der herkömmlichen skandinavischen Inneneinrichtung seit jeher eine Hauptrolle. Frühe Landhäuser (Stugor) kleidete man mit Fichten- oder Kiefernbrettern aus, die man überwiegend einfarbig anstrich – zum Beispiel in einem schieferähnlichen Blaugrün. Am Ende des 18. Jahrhunderts wurde Grau die Modefarbe. Skandinavien ist jedoch besonders für sein hochdekoratives Marmormuster bekannt. Im 19. Jahrhundert beauftragten die reichen Leute Maler, ihre Täfelung mit Marmorierung und künstlicher Maserung zu versehen. In vielen Stugors wurden die Wände der Höhe nach unterteilt. Der untere Bereich wurde mit gespritzten Malereien versehen, und darüber verwendete man volkstümliche Schablonenmuster.

Seit den zwanziger Jahren unseres Jahrhunderts sieht man kaum mehr Täfelungen an den Wänden. In den sechziger und siebziger Jahren experimentierten Architekten mit der optischen Wirkung von Sperrholz in Wohn- und Speisezimmern sowie Arbeitszimmern. Wahrscheinlich entstand diese Mode im Gefolge des damals überall verbreiteten skandinavischen Stils. In Großbritannien bevorzugte man gespundete Bretter, weil Sperrholz als ärmliches Baumaterial galt.

Holzverkleidete Räume

Einen holzverkleideten Raum zu betreten, ist eine sehr sinnliche Erfahrung. Nicht nur die Patina und die Maserung des Holzes nehmen uns gefangen, sondern das Holz strahlt insgesamt eine besondere Wärme aus, die alle Sinne anspricht. In welcher Form auch immer, als vollrunde Stämme, als Balken, als gehobelte Bretter oder elegant beschnitzte Paneele, das Holz ist seit Jahrhunderten der gebräuchlichste Baustoff zum Auskleiden von Räumen. Eine Holzverkleidung weist ein eigenes dekoratives Ethos auf und enthebt den Besitzer der Notwendigkeit, endlos über die Vorteile der einen oder anderen Tapete zu diskutieren. Eine grundlegende Entscheidung über das Hausinnere muß jedoch getroffen werden: Behandelt man das Holz mit Öl, mit Farbe oder mit einem Beizmittel? Die Wahl muß jeder für sich treffen, hängt aber auch oft vom Holztyp ab. Mag es sich nun um ein Cottage oder ein elegantes Stadthaus handeln, die Einrichtung eines holzverkleideten Raumes bietet gestalterische Freiheiten, da sich kein Design formal aufdrängt. Man läßt sich vom Holz inspirieren und kombiniert rauhe und glatte Texturen mit ausgezeichneten Wirkungen. Holzverkleidete, weiß oder cremefarben gestrichene Wände stellen einen neutralen Hintergrund für zahlreiche bunte dekorative Objekte dar – oder spiegeln einen einfachen Lebensstil wider, der mit einem Minimum an Möblierung auskommt .

Links *Das Kitchen House auf einer Insel in einem See in New Hampshire, USA, lehnt sich in der Gestaltung an traditionelle Häuser auf der Karibikinsel Anguilla an. Die hohen Decken dieser kuppelartigen Häuser verstärken das Raumgefühl, und das Dachfenster läßt von oben viel Licht eintreten. Die einfache Holzverkleidung im Inneren stellt einen idealen Hintergrund für die Kücheneinrichtung dar.*

Zweifellos ist Einfachheit das wesentliche Element einer Holzverkleidung in Innenräumen. Erscheinung und Sinneseindrücke des Holzes durchdringen alles, und wer mit diesem natürlichen Baustoff aufgewachsen ist, möchte ihn später nicht mehr missen. Ganz unabhängig davon, wie die Oberfläche des Holzes behandelt wurde, ob ein ganzer Raum damit ausgekleidet wird oder ob es nur in Form einiger Möbelstücke präsent ist, stets dominiert es die Inneneinrichtung und kann nicht übersehen werden.

Ursprünglich ließ man das gesamte geschnittene Holz im Freien trocknen, bevor man es verwendete. Damit konnte das Material seine Qualitäten zeigen, bevor es verarbeitet wurde. Man wählte die Holzstücke nach ihrer Struktur oder Maserung aus, wenn man sie für ein Möbel oder eine Täfelung verwendete. Die Dicke und Stärke des Holzes waren entscheidend, wenn man es

Unten *Blick ins Innere des Barfrøstua-Bauernhauses, erbaut um 1730 bei Rendalen, Norwegen, und später ins Glomsdalsmuseet in Elverum überführt. Die Holzverkleidung des Innenraums diente vor allem der Isolierung und läßt Rückschlüsse auf den Reichtum des ehemaligen Besitzers zu.*

***Diese Seite** Die qualitativ hochstehenden Möbel verraten, daß dies das Haus eines wohlhabenden Bauern war. Im ganzen Raum sieht man schöne Schnitzarbeiten und Malereien mit Blütendarstellungen. Volkstümliche Motive waren in den Häusern reicher Bauern dieses Gebietes zwar häufig, doch Schnitzereien fand man viel seltener. Die Möbel datieren aus dem 18. Jh.*

für eine Rahmenkonstruktion einsetzte. Heutzutage wird das Holz oft technisch in Öfen getrocknet. Dies geschieht zu schnell und oft auch unregelmäßig. Nach der Verwendung im Bau und in der Inneneinrichtung absorbiert es Feuchtigkeit aus der Luft und kann sich dabei ganz erheblich verziehen.

Natürlich getrocknetes Holz wird mit der Zeit immer besser. Der Handwerker kann leichter damit umgehen. Die einzigartige Natur des gewählten Stückes bestimmt nämlich selbst die künftige Verwendung und sogar die Oberflächenbehandlung, die es am besten zur Geltung bringt. Tatsächlich behaupten viele Zimmerer und Schreiner, das Finish eines Objekts werde allein von dessen Form und natürlichem Aussehen bestimmt.

Der goldene Ton unlackierter Holzbretter, die nur mit Bienenwachs, matter Politur oder aromatischem Öl behandelt wurden, erzeugt in jedem Raum ein Gefühl von Wärme.

Wenn man eine Holzoberfläche nicht unter einem dekorativen Anstrich verbirgt, entwickelt sich durch den jahrelangen Gebrauch eine Patina, die sich glatt und sympathisch anfühlt. Ein Zimmer, das mit attraktiven, unbehandelten Holzbrettern ausgekleidet ist, verströmt eine große Wärme. Unlackierte Parkettböden, die man aber regelmäßig mit Bienenwachs

Oben *Textur und Farbe des natürlichen Holzes kennzeichnen die Küche dieses Hauses in Mount Glorious, Australien. Die Wandverkleidung ist verspundet, der Boden mit schmalen Brettern belegt, und an der Decke sind die Querbalken zu sehen. Stämme stützen die Balken und dominieren den Raum.*

Links *Einfach verkleidete Wände und Türen in einem mittelalterlichen Landhaus in Shropshire, England, restauriert von Graham Moss.*

Rechts und rechts außen Das Bellevue Homestead in Coominya, Australien, wird vom National Trust erhalten und ist ein schönes Beispiel eines alten australischen „Queenslanders". Die einfach beplankte Küchentür und die waagrechten Bretter an den Wänden tragen noch ihren ursprünglichen Anstrich. Die Stühle aus Bugholz waren in australischen Häusern um die Jahrhundertwende häufig zu sehen. Die Bauelemente dazu stammten oft aus Europa.

Unten und unten rechts In diesem Chalet beim Hotelkomplex Les Fermes de Marie in Megève, Frankreich, stammen alle Möbel aus dem 18. und 19. Jh. und aus Savoyen. Die Chalets wurden aus verschiedenen Tälern der Region hierher überführt und mit altem Holz restauriert. Die Holzverkleidung besteht aus senkrechten Brettern, und die Tür setzt sich aus zwei Bretterschichten zusammen, eine horizontale gegen eine vertikale.

Eine Mischung aus Holzböden und holzverkleideten Wänden, naturbelassen oder lackiert, ist das Merkmal eines rustikalen Stils.

behandelt, zeigen einen wundervollen goldenen Farbton. Wenn man einen Küchentisch aus Kiefernholz mit einem matten Lack streicht, behält er seine attraktive Maserung bei. Dasselbe gilt für einen Stuhl oder eine Bank aus Ulme oder Buche, wenn man das Holz in natürlichem Zustand beläßt und mit Öl behandelt. Einige Holzarten verströmen einen intensiven Duft und besitzen exotische, sinnliche Qualitäten, die man mit dem Aroma eines Politurmittels oder Wachses verstärken kann. In ähnlicher Weise wählt man ein erstklassiges Holz wegen seiner exquisiten Farbe und Maserung aus, die man mit einem natürlichen Finish weiter verstärken kann. Einfache glatte Bretter kann man auch mit einer neutralen Farbe streichen oder mit bunten volkstümlichen Mustern schmücken.

Alle Teile eines Raumes – Decke, Wände und Böden – kann man mit Holzbrettern verkleiden. Trotzdem sollte die Behandlung dieser Elemente unterschiedlich sein, um keine Langeweile oder Uniformität aufkommen zu lassen. Parkettböden oder Holzverkleidungen an Wänden werden gekalkt, lackiert, sandgestrahlt, glänzend oder matt poliert. Sollte ein Raum von oben bis unten mit denselben Hölzern verkleidet sein, so kann man doch noch durch unterschiedliche Behandlungsweisen eine optische Vielfalt erzielen. Auf der anderen Seite gelingt es durch teilweise Holzverkleidung, ein besonderes Merkmal des Raumes hervorzuheben, zum Beispiel einen Alkoven oder ein Bücherregal.

Holzverkleidete Räume bilden den idealen Hintergrund für praktisch jede Form der Inneneinrichtung, angefangen bei einem rustikalen Küchenbüfett über elegant geschnitzte antike Tische bis hin zu absolut sachlichen modernen Schränken aus rostfreiem

Diese und gegenüberliegende Seite *Die Künstlerin Marylin Phipps kaufte das Haus The Battery an der Küste von Kent, England. Sie wollte durch die Renovierung eine ruhige und geräumige Umgebung für sich und ihre Künstlerkollegen schaffen. Gleichzeitig war es ihre Absicht, den ursprünglichen Charakter des Hauses zu erhalten, das die Navy zum Ende des vorigen Jahrhunderts als Quartier für Seeleute erbaut hatte. Einige Wände wurden verändert, um mehr Raum zu gewinnen, doch die Holzverkleidungen blieben erhalten und in den meisten Räumen mit dem originalen „Seaside"-Blau bemalt. Wo Einbauten und Beschläge notwendig wurden, strebte die Hausherrin nach einem harmonischen Nebeneinander zwischen Alt und „Neu", indem sie Stücke suchte, die aus der gleichen Zeit stammten wie das Haus, etwa die schwere Küchentür.*

Stahl und Glas. Eine Kombination zwischen englischem Country-Cottage-Stil, skandinavischen Einbaumöbeln und indianischen Textilien sieht gut aus vor einem Hintergrund aus Holz.

In den meisten Fällen stellt ein mit Brettern verkleideter Innenraum ein weniger formelles Ambiente als ein getäfelter Salon dar. Diese Zwanglosigkeit verströmt einen einzigartigen Charme, den man oft mit der Bezeichnung „Country-Stil" in Verbindung bringt. Der Begriff bezieht sich auf ein Innendesign mit holzverkleideten Böden, Wänden und Decken – roh, lackiert, natürlich behandelt oder mit einer Dekoration aus Ästen, Zweigen, Moosen und Nadelholzzapfen versehen. Gerade durch diese Dekoration entsteht ein sehr rustikales Ambiente. Erstes Vorbild dafür waren die Great Camps der Adirondacks. Die Innenwände vieler dieser Blockhäuser isolierte man mit abgerundeten Brettern, die man horizontal anbrachte, um zubehauene Stämme zu imitieren. Das rustikale Aussehen dieser Häuser und Hütten wurde durch das Dekor verstärkt, etwa durch dünne Streifen von Birkenrinde zwischen den Dachsparren, um das Innere aufzuhellen, durch entrindete Pfosten aus Amerikanischer Zeder, dünne Schichten aus Zedernrinde und weißer Birkenrinde um die Kamine herum, Handläufe an den Treppen aus dünnen Ästen oder Stämmen entrindeter Fichte, Birke oder Zeder.

Für den Country-Stil sind auch Möbel und andere Einrichtungsgegenstände aus traditionellen Materialien typisch, etwa aus natürlichen einfachen Textilien. Diese Accessoires stammen entweder aus der Umgebung oder wurden auf der ganzen Welt bei allen nur erdenklichen Stammeskulturen gesammelt. Der Country-

Einen noch rustikaleren Touch verleiht man einem Innenraum, indem man ihn mit Ästen, Zweigen, Moosen und Zapfen auskleidet.

***Diese Seite** Das Innere dieser Blockhütte in Sussex, England, ist mit gespaltenen Ästen, Zweigen und Zapfen dekoriert, die geschickt einen der Hauptpfosten verbergen. Der bemalte Boden erinnert in der Musterung an amerikanische Quilts. Patchwork hängt an den Wänden.*

Diese Seite *Die einfachen bretterverschalten Wände und das Tagesbett (oben) tragen als Schmuck Häkelarbeiten, die dem Raum Textur und Farbe verleihen. Die Fußleiste am Boden (links) besteht aus gespaltenen dicken Ästen. Die Decke weist in den Fugen Moose und Flechten als Füllmaterial (rechts) auf. Das Blockhaus ähnelt den Bauten der Great Camps in den Adirondacks.*

Gegenüberliegende Seite Das Haus wurde architektonisch von einer Jagdhütte in New Hampshire beeinflußt. Der Raum erscheint durch die umfangreiche Dachkonstruktion sehr groß. Die Grundfläche der Lodge beträgt rund 9 m²; davon sind 3 m² Veranda. Die rohen Kiefernplanken sind 30 bis 66 cm breit. Die Sitzbank, die an den Wänden entlangläuft, bietet reichlich Stauraum. Die soliden Eichenstühle und Schemel sind moderne Stickley-Kopien.

Oben Diese winzige Lodge, die von der Shope-Familie in New York State, USA, errichtet wurde, besteht aus einem einzigen Raum. Sie wirkt sehr einheitlich, weil sie ganz aus unbehandelter Kiefer besteht.

Links und oben Die rustikale Treppe hat ein Geländer aus geschnitzten Ästen der Amerikanischen Zeder, die Angehörige der Familie Shope selbst in der Umgebung sammelten. Die Treppe führt zur Galerie, wo die Betten stehen.

Rechts und unten rechts Der große Kamin wurde aus örtlichem Granit errichtet. Die strengen Linien werden von Zedernzweigen aufgelockert. Sie erinnern an Dekorationen in den Jagdhütten der Adirondack Mountains.

Oben *Das elegante Speisezimmer in diesem Haus an einem Fjord außerhalb von Bergen, Norwegen, ist der älteste Teil des Hauses und stammt aus dem späten 17. Jh. Die waagrechten Bretter mit den leicht abgeschrägten Kanten deuten auf dieses Alter: Die Farbe ist original und typisch für das Gebiet und die Periode.*

Einfluß geht auf den Wunsch unserer frühen Vorfahren zurück, ihre Wohnstätte attraktiv und komfortabel zu gestalten. Sie stellten alle Möbel, Gerätschaften und Gegenstände des Haushaltes, die sie brauchten, aus einem Rohstoff her, der leicht zu bearbeiten und fast überall auf der Welt in ausreichenden Mengen zur Verfügung stand.

Abgesehen von ihren ästhetischen Qualitäten diente die Holzverkleidung der Wände auch der Isolierung vor der Kälte von außen.

Die frühesten Häuser bestanden aus einem einzigen Raum, in dem die Familie um einen zentralen Herd herum lebte, aß und schlief. Die Decken waren hoch, damit der Rauch nach oben abziehen konnte. Als der Kamin an der Wand den zentralen Herd ersetzte, war plötzlich Raum für ein zweites Stockwerk vorhanden. Holzbretter waren das einfachste Baumaterial für diese Obergeschosse. Wegen seiner Härte und seiner wundervollen Farbe und Maserung verwendete man dazu vor allem Ulmenholz. Vor der industriellen Revolution wurden alle Holzbretter, ob man sie nun als Parkett oder zur Verkleidung von Innen- oder Außenwänden verwendete, von Hand gesägt und wiesen keine Standardgrößen auf. In vielen alten Häusern findet man prächtige Fußböden, die unregelmäßig verlegt sind und oft nach einer Seite des Raumes hin bedrohlich abfallen. Diese Bretter sind wegen ihrer Unregelmäßigkeit und ihrer attraktiven Oberfläche besonders reizvoll. Viele Generationen von Menschen verliehen ihnen durch die tägliche Benutzung ihren Glanz und ihre Patina. Ohne diese Holzböden würden viele entzückende Häuser einen großen Teil ihres Charmes verlieren.

In vielen Gebieten Nord- und Mitteleuropas verkleidete man nicht nur die Außenwände von Skelettbauten mit Holzbrettern, sondern auch die Innenseiten, um eine zusätzliche Isolierung zu bekommen. Die Betonung lag dabei auf der praktischen Benutzbarkeit, und Wände, Böden, Decken, Türen, Fensterrahmen und die meisten Einrichtungen bestanden ausnahmslos aus Holz, das es damals reichlich gab.

Das Eßzimmer oder die Küche bildete den Mittelpunkt des Hauses und das Zentrum des Familienlebens. Üblicherweise handelt es sich um einen großen Raum, mit gut proportionierten Fenstern, einem Kaminsims und einem Ofen, in dem Holz verbrannt wurde. Er diente der Raumheizung und gleichzeitig als

***Rechts** Das Speisezimmer (siehe gegenüberliegende Seite) führt zu einem Teil des Hauses, der zu Beginn des 19. Jh. hinzugefügt wurde. Die Uhr stammt aus örtlicher Produktion und ahmt in ihrem Anstrich Mahagoni nach.*

Küchenherd. In der Mitte des Raumes stand ein Holztisch, entweder mit refektoriumsartigen Bänken oder handgefertigten einzelnen Stühlen. Alle Gegenstände des Hauses stammten vom Land. Holz war nicht nur das praktischste Material für den Bau des Hauses, aus ihm stellte man auch alle Möbel her. So blieb die

Links außen *Die Wand des Treppenhauses ist mit dicken Brettern verkleidet, die abgeschrägte Kanten aufweisen.*

Links *Ursprünglich waren die Wände der Küche in einem dunkleren Grau gestrichen als der Boden; doch auch das hellere Blau ist eine traditionelle Farbe. Die leicht gerundeten Bretter verraten uns, daß dieser Teil des Hauses aus dem späten 19. Jh. stammt.*

Gegenüberliegende Seite *Die an den Kanten abgeschrägten Bretter in diesem Wohnraum aus dem 17. Jh. geben uns einen Hinweis auf den Status des Besitzers: Wahrscheinlich gehörte das Haus einem reichen Kaufmann.*

stilistische Einheit der von Holz dominierten Inneneinrichtung bestehen. Es überrascht nicht, daß sich viele Merkmale des mittel- und nordeuropäischen Haus- und Möbelbaus auch in den Häusern Nordamerikas, Australiens und Neuseelands zeigen. Die Küchen der Siedler des späten 18. Jahrhunderts waren im Stil von deren Heimat gehalten. Es waren wundervolle, bequeme Räume mit kräftigen Erdfarben, die oft von gewebten Flachsteppichen herrührten. Sie verliehen den polierten Holzböden eine ganz eigene zusätzliche Textur.

Nach Nordamerika wanderten mehr Skandinavier ein als nach Australien und Neuseeland, was sich auch in der Inneneinrichtung niederschlägt. Da es im Winterhalbjahr in Skandinavien sehr dunkel ist, lieben die Menschen helle Farben, und volkstümliche Schmuckmotive wurden zu einem wichtigen Merkmal des dekorativen Erbes. In der Folge waren auch die Wände und die Böden in Amerika bunter gehalten als in Australien und in Neuseeland; auch die Möbel zeigten mehr Dekor. Ein weiterer Grund für die Unterschiede in der Inneneinrichtung liegt in der Tatsache, daß die Europäer viel früher nach Amerika als nach Neuseeland und nach Australien gelangten. Die viel kürzere und auch weniger gefährliche Reise über den Atlantik bedeutete, daß viele Familien auch wertvolle Kunstwerke, Kleinmöbel, Porzellan und Glas mitbrachten. Diese Stücke dienten später als Vorbilder

Rechts *Die glatte Holzverkleidung deutet darauf hin, daß das Gästezimmer in dem Teil des Hauses liegt, der zu Beginn des 19. Jh. hinzugefügt wurde.*

für die Neufertigung. Die lokale nordamerikanische Flora und Fauna wurde sehr schnell in das Motivrepertoire für Schnitzarbeiten, Textilien und Schablonenmalereien aufgenommen. Wo viele europäische Möbel Schmuckmotive wie Blätter oder die klassische Rose aufwiesen, zeigen die Möbel der Siedler den freien Adler in seiner ganzen Pracht oder eine wilde Kletterrose. Obwohl die Schnitzereien und Verzierungen auf amerikanischen Möbeln oft kühner und innovativer ausfielen, war der gesamte Stil der Inneneinrichtung doch weniger fein ausgearbeitet als in Europa.

Notwendigerweise dienten alle Gegenstände im Haus einem bestimmten Zweck. Das galt nirgendwo mehr als in den Kolonien, wo man auf natürliche, leicht erhältliche Rohstoffe angewiesen war. Doch die hoffnungsvollen Pioniere, die von einem besseren Leben träumten, brachten eine angeborene Ehrfurcht vor der Handwerkskunst mit und wußten erstklassige Rohstoffe sehr wohl zu schätzen. Nach diesen Standards beurteilten sie jedes neue Projekt. In Übereinstimmung mit ihrer heimatlichen Tradition stellten sie Kaminsimse, Treppenhäuser und Balustraden und andere dekorative Komponenten mit der gleichen überlegten Sorgfalt her: Balustraden wurden geschnitzt oder aus interessant geformten Zweigen zusammengestellt und fest vernagelt. Kaminsimse wurden von Konsolen getragen, die man mit einer Blattschnitzerei schmückte, wobei man sich stets von der eigenen Umgebung inspirieren ließ. Von diesem Gedanken lassen sich heute noch zeitgenössische Bauherren und Architekten von Holzhäusern leiten: Sie versuchen, eine Verschmelzung zwischen Haus und Landschaft herbeizuführen.

***Rechts** Die Hartholzverkleidung der Wände im Speisezimmer des Bellevue Homestead zeigt eine Dreiteilung in Fries, Fläche und Sockel (Dado), die in den Gästen zugänglichen Räumen vornehmer Häuser in den frühen 1870er Jahren typisch war und bis ins 20. Jh. in Mode blieb.*

***Oben, von links nach rechts** Die Holzverkleidung dieses Hauses aus der Zeit um 1850 in Rossum, Niederlande, stammt vom Eigner und Gestalter Ischa van Delft. Das Dekor wird von einer Mischung stilistischer Elemente beeinflußt. Sie ergänzen sich und ergeben eine einheitliche Gestaltung: Das Barometer ist schwedisch, der Wandtisch finnisch, die Stühle stammen aus Schweden und Holland. Zuerst beherbergte der Raum ein Café mit Tapeten an den Wänden. Durch die elegante Holzverkleidung, die in zwei Farbtönen gestrichen wurde, erinnert der Raum heute an ein Stadthaus aus dem 18. Jh.*

***Diese Seite** Auch der kleine Raum im Bellevue Homestead (oben) zeigt die Dreiteilung der Wände. Die Holzverkleidung ist bemalt, um die Unterteilung deutlich hervortreten zu lassen. Der Durchgang mit den horizontal verspundeten Brettern (links) verbindet zwei Teile des Hauses.*

Trotz dieses rustikalen Einflusses und des Vorherrschens oft sehr einfacher handgefertigter Möbel zeigen viele mit Holz verkleidete Innenräume in Europa wie in der Neuen Welt einen Stil, den man nur als „sophisticated“ bezeichnen kann. In eleganten Stadthäusern verwendete man oft senkrechte verspundete Bretter, die optisch in Übereinstimmung standen mit den hohen Schiebefenstern und den schweren Vorhängen davor. In amerikanischen Häusern aus der Kolonialzeit spiegelte sich diese Eleganz in einer Vorliebe für georgianische oder neoklassizistische Einflüsse wider, die um 1790 ihren Höhepunkt erreichte. Die Häuser waren geräumiger und hatten hohe Decken und breite Fenster, die nach französischer Art oft bis auf den Boden reichten. Ein typisches Beispiel im

Gegenüberliegende Seite und oben *Die Innenwände im Haus des Innenarchitekten und Möbeldesigners Christian Liaigre in der Nähe von La Rochelle, Frankreich, wurden neu verkleidet und gestrichen – eine übliche Praxis auf der Insel als Maßnahme gegen die Feuchtigkeit. Der Salon wirkt mönchisch, und die Möbel, die Liaigre entwarf, sind asiatisch inspiriert.*

der Neuen Welt hochgeschätzt. Sie schufen Repliken feinster europäischer Möbel – heute antike Museumsstücke.

Die Gestaltung eines freundlichen Hauses unter den bisweilen harten Bedingungen in den Kolonien war eine Aufgabe, die viel Liebe verlangte. Viele Siedler glaubten fest daran, einfache Dinge seien besser als alle auffälligen und komplizierten Formen. Phantasievolle Einlegearbeiten und sonstiger Schmuck waren gut in europäischen Städten, wo sie auch entstanden waren, doch mitten in offenen Weidegebieten hielt man sie für völlig verfehlt. Eine Unterkunft mußte schnell aus den verfügbaren Baustoffen errichtet werden. Die wichtigsten Elemente dabei waren Funktion und Haltbarkeit. Schönheit und Stil wurden zwar mit in Betracht gezogen, spielten aber keine Hauptrolle. Die Regale für Gläser, Porzellan und andere Haushaltsgegenstände waren einfache gestrichene Bretter, die auf an die Wand genagelten Stützen ruhten. Die ersten Truhen, in denen man Nahrungsmittel aufbewahrte, bestanden aus Verpackungsmaterial und wiesen keine besonderen stilistischen Merkmale auf, selbst wenn man sie mit Farbe versah. Sie waren jedoch praktisch und zeigten den Einfallsreichtum der Siedler.

Federal Style wies vom Boden bis zur Decke eine matte, hellblaugrau gestrichene Holzverkleidung auf, ferner eine Tür aus dunklem Mahagoni, einen Parkettboden und eine Stuckdecke. In einigen Häusern wurde ein bemalter Vitrinenschrank in eine Wand eingebaut. Reiche Familien ließen originale Möbelstücke über den Atlantik transportieren. Die Arbeit von Kunsttischlern wurde in

Rechts und rechts außen *Die mit senkrechten Brettern verkleideten Wände und Decken in diesem renovierten „Queenslander" von Brisbane wurden mit seidenmatt auftrocknender weißer Farbe gestrichen. Mit dem Boden, den Fenstern, Türen und der Kücheneinheit bilden sie einen vielseitigen weißen Hintergrund, vor dem sich Farbtupfer wie frische Blumen und grüne Pflanzen gut ausnehmen.*

Links, von oben nach unten *Holzverkleidete Wände in kühlen Weiß- und Cremetönen bilden einen geeigneten Hintergrund für eine bunte Sammlung von Textilien und Erinnerungsstücken. In diesem Haus auf Long Island, New York (oben, zweites Bild von oben, Bild ganz unten), erkennen wir Hüte aus Bolivien, eine alte niederländische Jacke, Taschen aus Marokko, bemalte Tiere und Zeichnungen auf alten Mehlsäcken aus Santa Fe sowie moderne Donghia-Stühle und einen Tisch. Ein helles Inneres weist auch ein Inselhaus in New Hampshire (zweites Bild von unten) auf.*

Gegenüberliegende Seite *In diesem „Queenslander" von Brisbane schuf der australische Architekt Tony Suttle einen harmonischen Kontrast zwischen den traditionell blau, grün oder weiß gestrichenen vertikalen Brettern der Wandverkleidung und modernen Werkstoffen.*

Die Ähnlichkeiten zwischen den Häusern der Siedler in Amerika und in Australien und Neuseeland während derselben Zeitspanne sind immer wieder überraschend. Viele dieser gemeinsamen Stilmerkmale haben ihren Grund in der Herkunft der Siedler, die die Tradition ihrer Heimat in die neuen Siedlungen in Übersee verpflanzten. Sie schöpften aus einer tiefen Quelle des Wissens und dekorativer Fähigkeiten, die über viele Generationen hinweg entstanden waren. In vielen Fällen wurden diese heimatlichen Einflüsse dem Klima und der Topographie der neuen Umgebung angepaßt. Ein gemeinsames Merkmal war die Liebe für den Raum. Sie zeigt sich in den hellen, luftigen überschaubaren Räumen, die gerade zu einem Kennzeichen der Häuser in der Neuen Welt wurden.

Die grundlegende Struktur der Häuser war ähnlich, obwohl unterschiedliche Hölzer verwendet wurden – Eukalyptus in Australien, Kauri in Neuseeland, Zeder in Amerika sowie Kiefer in allen drei Gebieten. Die amerikanische hatte wie die australische Veranda die Aufgabe, Schutz vor der gleißenden Sonne zu bieten. Hölzerne Fensterläden mit Jalousien, die das Hausinnere im Sommer kühl halten, sind ein weiteres gemeinsames Merkmal der heißen Gebiete auf beiden Kontinenten. In kälteren Gebieten überwogen jedoch dickere solide Fensterläden, die in die Fensterrahmen eingebaut wurden. Bei den Siedlern und Kolonisatoren der ganzen Welt bestätigte und verstärkte sich der Trend, das Dekor zu vereinfachen. Hölzerne Deckenverkleidungen wählte man wegen ihrer Festigkeit, Farbe und wegen ihres feinen Geruchs. Meistens ließ man sie unbehandelt altern. Fenster und Türrahmen waren einfach gestaltet. Wo man erstklassiges Holz verwendete, wurde es gebeizt. Kiefernbretter strich man oft weiß.

Eine natürliche Fortsetzung dieses Trends führte in Amerika zu einer der einflußreichsten Entwicklungen auf dem Gebiet des Designs, dem Shaker-Stil. Die Religionsgemeinschaft der Shaker wurde 1747 als Sekte der Quäker gegründet. Ihr Einfluß ist heute entscheidend für den einfachen, minimalistischen Stil vieler zeitgenössischer Inneneinrichtungen. Eine Reihe von Shaker-Gemeinschaften breitete sich von New York westwärts bis Ohio aus. Aus ihren Idealen entstand der Wunsch nach einem einförmigen Stil in allen Siedlungen. So mußte alles von der Zentrale in New Lebanon genehmigt werden. Die meisten Objekte

der Shaker erlangten zwischen 1820 und 1850 ihr definitives Design. Damals war die Popularität dieses Stils auf ihrem Höhepunkt. Danach wurde alles nach denselben Vorschriften hergestellt. Der Glaube der Shaker ist ganz einfach: „Die Hände an die Arbeit, die Herzen zu Gott." Alles, was sie herstellten und verwendeten, war von höchster Qualität. Ihre Inneneinrichtung war leicht und einfach. Dazu gehörten Wandschränke und wunderbar glatt laufende Schubladen, die in unserer Zeit als Designklassiker gelten. Es gibt kaum bessere Lösungen für das Problem der Aufbewahrung. Der Shaker-Stil wird heute oft in modernen kompakten Apartments nachgeahmt, wo die Raumnot das Hauptproblem darstellt. Gegenstände, die sonst irgendwo herumliegen, etwa ein Hut, ein Mantel, ein Werkzeug oder sogar ein Stuhl, hängten die Shaker einfach an einem Pflock an der Wand auf. Diese Idee wurde in vielen modernen Häusern kopiert. Perfekt proportionierte Möbel mit einfachen unverkrampften Linien wurden mit festem Blick auf ihre Funktion entworfen. Dabei zeigten die Shaker ein außergewöhnliches Verständnis für

Unten und gegenüberliegende Seite *Der Architekt Olivier Vidal verwandelte die winzige Zweitwohnung (3 x 8 m) im Palais Royal in Paris. Die Wände und Oberflächen wurden mit Okum-Sperrholz verkleidet, geschliffen und poliert, so daß es wie Sandelholz aussieht. Die Wandpaneele, die an die Arbeiten von Charles Rennie Mackintosh erinnern, lassen sich öffnen und führen zu dahinterliegenden Garderoben, Schränken, Regalen und sogar zu einem Badezimmer. Der Arbeitstisch verwandelt sich in ein zusätzliches Bett (links), was den Eindruck einer Schlafkabine erweckt.*

Holzverkleidete Räume bilden den eleganten Rahmen für raffinierte antike Möbel. Da auch immer mehr Lacke und Oberflächenbehandlungen zur Verfügung stehen, kann man zusammen mit anderen Werkstoffen ganz moderne designorientierte Innenräume schaffen.

den Charakter des gewählten Holzes. Wenn sie beispielsweise Vogelaugenahorn für den Rahmen eines Stuhles mit Sprossenlehne wählten, war die Maserung genauso wichtig wie die praktische Form des Stuhles selbst. Starke Farben waren ein Merkmal der Inneneinrichtung der Shaker. Die Wände und Möbel waren oft in verschiedenen Rot-, Blau-, Grün- oder Gelbtönen gehalten. Die Fenster ließ man in der Regel unbehandelt, und polierte Holzböden bedeckte man mit handgeknüpften oder gehäkelten Teppichen aus pflanzengefärbter Wolle. Ein Gefühl der Ordnung und Ruhe dominierte in den Räumen der Shaker – und erinnerte daran, daß es der Sinn des Lebens ist, die Stufen zum Himmel emporzuklettern. Die Philosophie des „Weniger ist mehr“ – eine allgemein verständliche Definition des Mini-

Rechts, unten und gegenüberliegende Seite Die Wände und Decken dieses Landhauses bei Sidney, Australien, bestehen aus Sperrholz, das in Stahlrahmen eingesetzt wurde. Das viele Holz erzeugt zusammen mit dem steilen Dach das Gefühl, in einer Skihütte in den Alpen zu leben.

Oben und unten Der Gästepavillon besteht aus zwei Schlafzimmern und einem Badezimmer. Man erreicht ihn über einen überdachten Durchgang. Vom Gästehaus hat man einen weiten Blick über die Landschaft: Die Bewohner haben den Eindruck, „im Raum zu segeln".

malismus – war die Leitschnur dieser kleinen, aber doch sehr einflußreichen Gemeinschaft.

Es fällt nicht sehr leicht, genau herauszufinden, was die Anhänger des modernen rustikalen Stils am Shaker-Design so attraktiv finden. Wahrscheinlich ist es das Fehlen der Verkrampftheiten und des Durcheinanders des englischen Country-Stils der viktorianischen Epoche: Blumenchintz, Spitzenvorhänge, delikate Porzellanteller, diese meist mit feinen Rosen oder Veilchen geschmückt. Obwohl einige den nüchternen Stil der Shaker als kalt und unfreundlich empfinden, stellt er für jene, die die Spiritualität der reinen Form lieben, den Höhepunkt dar.

Moderne Architekten in Australien und Neuseeland sind Meister in der Gestaltung holzverkleideter Räume. Sie können auf eine lange Tradition in der Verwendung von Holz zurückgreifen. Früher ließen wohlhabende Australier ihre Häuser aus geschnittenem Holz bauen. Mit diesem Werkstoff kleidete man auch Böden und Wände aus. In den Küchen alter Häuser findet man verspundete Bretter an den Decken und Wänden. Selbst Badezimmer kleidete man mit senkrechten Brettern aus, wobei die

Gegenüberliegende Seite und rechts *Der Eß- und Wohnbereich in diesem erstaunlichen Haus in Auckland, Neuseeland, wird von Möbelgruppen und weniger von Wänden unterteilt. Eines der wichtigsten Merkmale des Designs ist die Verwendung von Glas für die Wände oder einen Teil der Decken. Dadurch hat man einen weiten Blick über die Landschaft.*

Badewanne zusätzlich hinter Paneelen verborgen lag. Als die ersten englischen Siedler 1840 nach Neuseeland kamen, hatten viele vorfabrizierte Häuser bei sich. Später bestellte man auch welche in Australien. Mit unbehandelten, gesägten Brettern kleidete man Innenräume aus. Man befestigte sie mindestens bis in die fünfziger Jahre des 19. Jahrhunderts waagrecht mit handgeschmiedeten Nägeln. Die Bretter aus Kauri- oder Rimuholz schlossen an den Stirnseiten eng aneinander oder wurden sogar

Solide Wandbereiche aus Holz bilden einen Ausgleich für die großen Fensterfronten.

verspundet, um Luftzug fernzuhalten. Sie reichten bis kurz vor den Boden, wo eine Fußleiste befestigt wurde, um die häßlichen Stoßkanten zu verbergen. Bis zum Jahr 1860 hatte sich das kleine Holzhaus als authentische neuseeländische Behausung durchgesetzt. Es bildete das grundlegende Design, aus dem sich weitere architektonische Stile entwickelten.

In modernen australischen und neuseeländischen Häusern haben die Architekten und Designer den Stil der Holzverkleidung im Inneren revolutioniert, oft durch Verwendung von standardisierten Brettern in Kombination mit einer großen Vielzahl anpassungsfähiger synthetischer oder metallischer Werkstoffe. Sie verwenden auch neue Technologien, um große Glasflächen mit einzubauen. Dabei hält man noch an manchen Traditionen fest, zum Beispiel am holzverkleideten Badezimmer. Der Unterschied zu früher liegt oft in der verbesserten Technik und in der Wahl der Beizmittel oder Farben. Bei der Adaptation und Neugestaltung alter Elemente bringen moderne Architekten mit ihrer innovativen Interpretation eine neue Dimension ein. Sie erlaubt eine völlig neue Betrachtungsweise der Inneneinrichtung. Holzoberflächen werden weiß bemalt, gekalkt oder unbehandelt belassen. Dadurch entstehen solide Wandbezirke als Ausgleich für die Glasfronten, die viel natürliches Licht hineinlassen. In Übereinstimmung mit einem modernen minimalistischen Stil schaffen glatte Holzwände einen neutralen Hintergrund für die unterschiedlichsten Möbelstile. Tapeten aus bedrucktem Papier oder Stoff würden das Design viel stärker festlegen – es würde innerhalb kurzer Zeit auch veralten.

Trotz des zweifellos europäischen Ursprungs spielt der neuweltliche Stil der Inneneinrichtung heute eine Schlüsselrolle beim Design moderner holzverkleideter Räume auf der ganzen Welt.

Unten *Die Inneneinrichtung ist einfach und neutral mit verkleideten Innenwänden, verspundeten Deckenbrettern und Sisalmatten, die dem Boden eine zusätzliche Textur geben.*

Innenausbau

Nachdem die Schreiner darauf gekommen waren, wie man ein gerades Stück Holz in eine elegant geschwungene Sessellehne verwandelt, waren der Verwendung dieses Werkstoffes keine Grenzen mehr gesetzt. Die Stile und Moden änderten sich im Lauf der Jahrhunderte und inspirierten die Handwerker, Neues auszuprobieren. Zu jeder Zeit waren Künstler wie Handwerker darauf aus, die Grenzen des konventionellen Designs zu überschreiten. Die alten Traditionen haben zwar heute noch ihre Anhänger – bei der Konstruktion elegant gedrechselter Baluster oder Handläufe wie bei der Herstellung praktischer, einfacher Möbel –, werden jedoch meistens modern interpretiert. Im Mittelalter stellte man fast alle freistehenden

Möbel aus schwerer Eiche her und verzierte sie gerne mit Schnitzereien. Der Shaker-Stil hingegen ist einfach und nüchtern. Solche Kontraste sind das Faszinierende an stilistischen Trends. Zu jeder Zeit adaptierten die Handwerker alte Designs und interpretierten sie neu. Dabei verfeinerten sie Stil und Handhabung mit jener Unbefangenheit, die wir an den Siedlern der Neuen Welt bewundern. Viele ihrer frühen Entwürfe hatten die praktische Verwendbarkeit zum Hauptziel. So entstanden Klassiker, die auch heute noch ihre Anhänger haben, zum Beispiel der Fensterladen mit integrierten Lamellen, der sich für tropisches und subtropisches Klima so gut eignet, weil er frische Luft eindringen läßt und die grelle Sonne fernhält.

Zimmerdecken

Vor dem 16. Jahrhundert diente die tragende Struktur des Daches in den meisten einstöckigen Holzhäusern auch als Decke. In vielen englischen Häusern bestand sie aus zwei Paar Crucks, dazu aus Pfetten und Sparren. Bei den herkömmlichen Fachwerkbauten kommen zu Pfetten und Sparren noch Verstrebungen hinzu. Auch die Unterseite des Dachs blieb sichtbar. Sie bestand in der Regel aus geflochtenen Strohmatten, aus miteinander verflochtenen Haselnußzweigen oder aus Holzbrettern. In zweistöckigen Häusern setzten sich die Decken des Erdgeschosses aus Balken und Rippen sowie aus Brettern zusammen. In einfachen Häusern trugen die freien Balken nur die Bearbeitungsspuren von Äxten und Sägen. In einigen Häusern wurde die Rinde auf dem Holz belassen. Die meisten Decken weisen jedoch einen einfachen Schmuck auf, etwa abgeschrägte Kanten oder andere Profile an den Balken. Häufige Schmuckelemente waren Vögel, Blumen und Grotesken, die meist an gut sichtbarer Stelle in die Holzteile eingeschnitzt wurden.

Im 16. Jahrhundert besaßen größere Häuser oft Holzbalken, die die Decke in Empfangsräumen symmetrisch unterteilten. Die frühesten dieser Kassettendecken sehen wie einfache Gitter aus. Die einzelnen Kassetten waren entweder ganz flach oder bestanden aus vertieftem Lattengeflecht mit bemaltem Gipsputz. Später wurden die Kassetten aufwendiger gestaltet, mit geschnitzten Rippen und Flechtwerk. Wo sich die Rippen schnitten, brachte man geschnitzte hölzerne Hängezapfen an.

In vielen Block- und Fachwerkhäusern des 18. Jahrhunderts gab es zwar immer noch Holzdecken, doch ab Mitte des 17. Jahrhunderts wurden sie zumindest in Stadthäusern von aufgehängten Gipsdecken verdrängt. Die einfachsten bestanden aus einem verputzten Lattenrost, der auf der Unterseite der Deckenbalken festgenagelt wurde. Der Gips oder Mörtel wurde mit Kalktünche oder Farbe behandelt. Anfänglich wurde der Putz mitsamt dem Rahmen an Ort und Stelle aufgebracht. Später stellte man kompliziertere Muster in Gießformen aus Wachs oder Holz her und befestigte sie nachträglich an der Decke.

Oben *Das Nant Wallter Cottage, das zwischen 1760 und 1780 in Dyfed, Wales, erbaut wurde, hat ein Strohdach über einer geflochtenen Schicht aus Haselnußzweigen. Das Dach wird von Pfetten und Crucks getragen.*

Oben rechts *Paarweise miteinander verbundene Crucks und zubehauene Pfetten tragen das Dach des Kennixton Farmhouse, das im 17. Jh. in West Glamorgan, Wales, gebaut wurde.*

Links Die Decke dieser großen ehemaligen Scheune aus dem 18. Jh. wurde von Stephen Mack restauriert und neugestaltet. Sie besteht aus rohbehauenen Eichensparren und Brettern.

Unten Große entrindete, stammförmige Pfetten tragen in diesem restaurierten Bauernhaus aus dem 18. Jh. in Megève die handbehauenen Sparren.

Links Diese Dachstube im Joseph Webb House in Wethersfield, Connecticut, USA, war einmal der Schlafplatz für die Sklaven des Haushalts. Die handbehauenen Pfetten, die Sparren und Bretter bilden dabei ein Satteldach.

Während des 19. und 20. Jahrhunderts fanden solche Gipsdecken die weiteste Verbreitung. Im vorigen Jahrhundert kamen bunte Bemalungen und Vergoldungen auf. Doch Decken, die einfach aus Brettern und den tragenden Strukturen bestanden, blieben auch weiterhin in vielen Baustilen erhalten. Eine schlichte Deckengestaltung war vielerorts anzutreffen: einfache Decken aus weißgetünchten Brettern in Häusern des Federal Style, Decken aus gestrichenen Brettern in authentisch australischen und neuseeländischen Häusern und naturbelassene oder mit Birkenrinde überzogene Bretter in Häusern der Grand Camps in den Adirondack Mountains. Reicher geschmückte Decken findet man in Häusern, die im Stil der italienischen Renaissance gehalten waren. Sie besitzen Kassettendecken mit zentralen Rosetten und vergoldete, rot und blau bemalte, geschnitzte Motive. Viele Häuser im Stil der spanischen Renaissance hatten ebenfalls Kassettendecken, doch waren diese einfacher, und die Hölzer waren in der

Oben links *Im Gästezimmer verkleiden hölzerne Zapfen die stählernen Verstärkungen der hölzernen Dachkonstruktion.*

Oben rechts *Der Arts-and-Crafts-Stil setzt sich fort in den soliden, viereckigen Eichenmöbeln. Selbst die Fenster sind so gestaltet, daß das hindurchscheinende Sonnenlicht ein Gittermuster in den Raum wirft. Es findet sein Gegenstück in der Deckengestaltung und setzt sich in den Möbeln fort.*

Oben und rechts *In diesem Haus im Lodge-Stil in Sun Valley, Idaho, schuf der Architekt Mark Pynn eine einzigartige hölzerne Dachkonstruktion mit gitterförmiger Struktur. Sie besteht aus doppelten Pfetten und Scheinpfetten. Im ganzen Haus fällt die saubere handwerkliche Verarbeitung auf. Die geometrischen Beleuchtungskörper im Stil spanischer Missionsstationen sind typisch für die Arts-and-Crafts-Bewegung.*

Regel aus dunkel gebeizter Eiche oder aus Mahagoni. Die meisten Häuser der Arts-and-Crafts-Bewegung zu beiden Seiten des Atlantiks besaßen auch Balken mit abgeschrägten Kanten, rippenförmige Erhöhungen und andere teils plastische Muster. Vornehme Häuser in diesem Stil verfügen oft über tonnenförmige Decken, die einer Galerie Platz bieten.

Während des 20. Jahrhunderts baute man in zahlreiche Haustypen auch Decken aus verspundeten Brettern (meist lackiert oder gestrichen) ein, besonders in Küchen und Badezimmer. Doch die wichtigste Entwicklung in den letzten dreißig Jahren ist die Wiederbelebung der Dachschräge, die in modernistischer Zeit oft zugunsten des Flachdaches aufgegeben worden war.

Rechts *In seinem Haus bei La Rochelle aus der Zeit um 1830 kombiniert der Designer Christian Liaigre die von ihm bevorzugten hellen, eingelassenen Eichenholzböden sowie die weiße Wandverkleidung und Dachkonstruktion mit dunklen, ölbehandelten Harthölzern.*

Unten *In diesem Haus in Sun Valley steht der Kamin aus Gesteinsbrocken in scharfem Kontrast zu den Deckenbalken aus Ahorn.*

Ganz unten *Im Wohnzimmer dieses Hauses in Rossum, Niederlande, kann man die Holzböden des oberen Stockwerks erkennen.*

Fußböden

Es gibt nichts Besseres, um den dekorativen Eindruck eines Raumes hervorzuheben, als ein hochpoliertes Holzparkett. Je nach der verwendeten Holzart und der Behandlung stellen Holzböden den idealen Hintergrund für viele Stile der Inneneinrichtung dar, und ergänzen antike Möbel ebenso gut wie moderne. Farbe und Schönheit der Maserung sind nicht zu übersehen, besonders wenn man die Oberfläche nur mit schützendem Öl behandelt. Zu viel Glanz hingegen hat die entgegengesetzte Wirkung. Daran sollte man bei der Wahl der Oberflächenbehandlung denken.

Als man begann, hohe Häuser durch Zwischendecken in zwei Geschosse zu unterteilen, schlug die Stunde des Holzbodens. Vorher hatte der ebenerdige Grund aus gestampfter Erde, aus

Unten links *Hellgelb gestrichener Holzboden im Badezimmer eines modernen Anbaus der Burr Tavern in East Meredith, New York (frühes 19. Jh.). Die viktorianische Badewanne hat einen Rand aus Eichenholz.*

Unten rechts *Weiß getünchte Holzböden mit samtartigem Lacküberzug passen zu den Wänden und zur Inneneinrichtung und schaffen in diesem australischen „Queenslander" von 1920 einen kühlen „karibischen" Stil.*

Ganz unten rechts *Gebleichte Böden und weiß gestrichene holzverkleidete Wände und Fensterläden in Christian Liaigres Haus von 1830 bei La Rochelle erinnern an den Stil, der bis etwa 1930 in Ferienorten üblich war.*

Rechts Gebeizte und lackierte Holzböden, die leicht sauberzuhalten sind, kontrastieren mit der weißen gespundeten Wandverkleidung in einem Haus aus den 20er Jahren auf einer Insel in New Hampshire, USA.

Unten und ganz unten Die Holzböden in diesem Haus auf Long Island, New York, das in den 80er Jahren errichtet wurde, bestehen aus lokaler Kiefer. Im Eßzimmer wurde das Holz klar lackiert, um die natürliche Farbe und Maserung zur Geltung kommen zu lassen. In anderen Zimmern behandelte man das Holz mit einem leichten Farbanstrich.

Fliesen oder Schieferplatten bestanden. Weniger private Räume wie Empfangszimmer hatten jedoch oft einen Holzboden. Kaum war der Einbau eines oberen Stockwerks mit Holzböden in Mode gekommen, entwickelte es sich zum Stilmerkmal eines jeden Hauses. Wegen seiner Härte, der Maserung und der hellen Farbe zog man Ulmenholz der Eiche vor. Zu Anfang waren alle Holzbretter von Hand gesägt und somit von unterschiedlicher Breite und Dicke. Gerade dies verleiht älteren Häusern einen besonderen Charme und Charakter.

Vom 17. Jahrhundert an importierte England fertig zugeschnittene Fichten- und Tannenbretter aus Skandinavien. Diese Hölzer entwickelten sich zur billigen Alternative im Vergleich zu

Links *Gebeizte und mit Wachs behandelte Holzböden im Empfangsraum in Stephen Macks eingeschossigem „Cape Cod"-Haus, Chase Hill Farm, Rhode Island, USA, aus dem 18. Jh.*

Im 18. Jahrhundert begann man die Böden aus Holzblöcken herzustellen. So entstanden Parkettböden oft aus verschiedenfarbigen Hölzern, die man zu Mustern kombinierte, um besondere Effekte zu erzeugen. Billiger kam es, ein Muster direkt auf den Boden oder mit einer Schablone aufzutragen. Oft schmückte man auf diese Weise auch nur die Ecken des Raumes. Billige Fleckenteppiche waren schon zu jener Zeit ein typischer Bodenbelag.

Maschinengefertigte verspundete Bretter gleicher Breite kamen in den 1820er Jahren auf. Man befestigte sie auf Querbalken. In den fernen Kolonien Australien und Neuseeland waren Holzböden sehr beliebt, die aus einheimischen Harthölzern wie Kauri und Rimu hergestellt wurden. Man sägte daraus Bretter, glättete sie und polierte sie anschließend. Böden aus oft dunkler gebeiztem Kiefernholz wurden auch in vielen Häusern der Neuen Welt eingebaut. Als besonders wichtig galt es damals, daß der Holzboden glänzte und einen prächtigen Untergrund für Möbel und andere Einrichtungsgegenstände bildete. Ein bescheidenes englisches Haus besaß in viktorianischer Zeit Holzböden aus breiten Brettern, die mit großen Teppichen belegt wurden. Die Ränder des Holzbodens wurden gebeizt und mit Bienenwachs und Terpentin poliert, oder man legte Parkett. In den USA waren Kiefernböden die Regel, bis während der Arts-and-Crafts-Periode der amerikanische Architekt Gustav Stickley forderte, die Böden müßten genauso dunkel sein wie die Täfelung an den Wänden. Damals bevorzugte man Eiche, Ahorn und exotische Harthölzer.

massiver Eiche und Ulme. Diese frühen Holzböden wurden nicht fest eingebaut. So konnte man sie entfernen, wenn man das Haus verkaufte. Bis zum 17. Jahrhundert waren Web- und Knüpfteppiche, die man hauptsächlich aus dem östlichen Mittelmeer und dem Orient importierte, noch sehr teuer. Zuvor hatte man Binsen und Stohmatten als Bodenbelag verwendet, besonders in Räumen mit weniger offiziellem Charakter.

Die einfachsten Holzböden bestehen aus Brettern. Durch ihre natürliche Schönheit können sie die Einrichtungsgegenstände noch stärker zu Geltung bringen.

Rechts *Von der Mitte des 19. Jh. an schnitt man die Bretter der Holzböden schmaler als früher und in einheitlicher Breite. Die Bretter in diesem niederländischen Haus aus der Zeit um 1850 sind aber noch über 30 cm breit und liegen über dem damaligen Standard.*

Links *Im Jahr 1873 baute die englische Navy das Haus The Battery als Unterkunft für Seeleute, die in Whitstable, Kent, ihre Ausbildung bekamen. Der Boden ist durchweg mit dicken Kiefernbrettern belegt, die rotbraun gebeizt und mit einem Glanzlack versehen wurden. Man wollte die Deckplanken eines Schiffes nachahmen.*

Links *Tasmanische Eiche gilt als sehr dauerhaft und ist berühmt für ihre warmen Rot- und Brauntöne, die dem Raum eine besondere Wärme verleihen. Dieses Holz wurde auch in der Eßküche dieses Weekendhauses südlich von Sidney, Australien, verwendet.*

Die Jugendstilböden waren in der Regel aus glattem poliertem Holz, weil sie damit einen idealen Untergrund für die buntgemusterten Teppiche dieses Stils bildeten. In großen englischen Häusern der Edward-Zeit waren die Holzböden aus gewachstem oder poliertem Eichen- oder Mahagoniholz. In einfacheren Behausungen verwendete man gespundete Bretter aus Kiefern. In Wohnräumen, Küchen und Dielen von Häusern in Vorstadtgebieten erschienen Parkettböden mit Fischgrätenmuster – ein Trend, der während der amerikanischen Beaux-Arts-Periode auch nach Amerika gelangte.

Von den zwanziger und dreißiger Jahren an waren helle Parkettböden Standard. Die Muster reichten von einem einfachen Fischgrätmotiv bis zu komplizierten geometrischen Designs. Diese Mode hielt sich auch noch in den sechziger Jahren als Alternative zu dunklen polierten Hartholzböden. In den fünfziger Jahren breiteten sich alternative Bodenbeläge wie Linoleum stark aus. Als in den achtziger Jahren immer mehr Fabrikgebäude und Lagerhallen in Wohnraum umgewandelt wurden, stieg die Beliebtheit der Holzböden wieder an. Sie sind attraktiv, leicht zu reinigen und passen zu jedem Einrichtungsstil.

Treppen

Die einfache Leiter, die Urform der Treppe, entwickelte sich im Lauf der Zeit zu einer Treppenflucht mit Zwischenpodesten. Dabei mußte man meist darauf achten, daß die Treppen nicht zu viel Platz einnahmen. So waren zum Beispiel Winkeltreppen mit einem Viertelpodest beliebt. Große Häuser der Tudorzeit und der Zeit des englischen Königs Jakob besaßen aufwendig geschmückte Treppenhäuser, und selbst die Spindeln von Wendeltreppen in normalen Bürgerhäusern waren gedrechselt und geschnitzt. Eine Wendeltreppe mit einer großen viereckigen Zentralspindel aus Stein oder Ziegeln galt als letzter Schrei. In der Mitte des 16. Jahrhunderts entwickelten sich daraus Treppentürme aus Fachwerk mit einem umgebenden Treppenschaft aus Stein oder Ziegeln. Elisabethanische Baluster bestanden aus gedrechselten Säulen oder aus bauchigen Docken. Geschnitzte und durchbrochene Geländer waren typisch für die Zeit Jakobs. Barocke Treppenhäuser waren massiv gestaltet und in der Regel aus Eiche. Die feinsten Geländer zeigten Flechtwerk- und Akanthusmotive und bisweilen auch freistehende geschnitzte Figuren. Gedrechselte, bauchige Docken waren bis ungefähr 1650 verbreitet. Nach 1660 waren Schlangenbaluster beliebt. Georgianische Häuser besaßen

Unten links und rechts *Die Stufen dieser Treppe in einem Haus in Aspen, Colorado, USA, bestehen aus Stammabschnitten, die aus 400 Jahre alten abgestorbenen Lärchen gewonnen wurden.*

Ganz unten links und rechts *Stick-Style-Haus im Staat New York mit einem einzigen Raum. Zweige aus Amerikanischer Zeder dienen nach dem Vorbild der Great Camps in den Adirondacks als Treppengeländer.*

Gegenüberliegende Seite *Die prächtige Treppe in diesem Haus in der Nähe von Biarritz in Frankreich datiert aus der Zeit um 1770. Es handelt sich um eine rustikale, flache Sägearbeit nach Louis XIII.-Vorbild.*

Unten *Das Geländer der Wendeltreppe in dieser Lodge in Aspen besteht aus Ästen, die noch ihre Rinde tragen. Die Spindel ist aus einem abgestorbenen Baumstamm aus dem Yellowstone National Park.*

Oben links Eine einfache Treppe mit Vierteldrehung im Buttolph Williams House von 1750 in Wethersfield, Connecticut, USA.

Oben rechts Ein schmales Treppenhaus mit Setz- und Trittstufen aus Ahorn und einem Handlauf aus Ulme. Sie führt vom Eßzimmer zur Küche und befindet sich in einem modernen Haus, das der Architekt Mark Pynn in eine Hangseite in Sun Valley, Idaho, USA, hineingebaut hat.

Rechts Eine kastenförmige Treppe mit Vierteldrehung in Stephen Macks Haus, Chase Hill Farm, das im späten 18. Jh. in Rhode Island, USA, erbaut wurde. Die Setzstufen, die Tür unter der Treppe und die verspundete Beplankung sind „kolonialrot" angestrichen.

oft ein eigenes Treppenhaus und eine Hintertreppe für die Bediensteten. Im frühen 19. Jahrhundert waren die Baluster des Treppengeländers verjüngt und auf den Stufen selbst befestigt; die flachen Handläufe endeten in einem glatten Kreisel an den Spindeln. In der Regency-Zeit und der viktorianischen Epoche bestanden die Handläufe oft aus Mahagoni; Phantasiebaluster und Spindeln für Wendeltreppen wurden damals in Massen produziert. In den dreißiger Jahren kamen auskragende, einseitig an gebogenen Wänden eingespannte Treppenstufen auf. Doch erst in den fünfziger Jahren realisierten die Architekten, daß Treppen Wohnflächen auflockern können. Einfache Holztreppen gewannen somit wieder an Beliebtheit.

Links und links außen Eine U-förmige Treppe im Silas Deane House, das 1966 in Wethersfield erbaut wurde. Das hochpolierte Treppengeländer aus Mahagoni wurde in Wethersfield produziert. Es wechseln sich zwei unterschiedlich gedrechselte Stabtypen ab – ein ziemlich häufiges Merkmal des späten Kolonialstils. Das Profil des Handlaufes ist typisch für die zweite Hälfte des 18. Jh. Im Gegensatz zum aufwendigen Geländer sind die Stufen recht schlicht gehalten.

Oben von links nach rechts Diese ungewöhnliche geländerlose Treppe ist das Werk des Architeken Olivier Vidal. Sie wirkt in diesem kompakten Apartment im Palais Royal sehr leicht. Die Treppenstufen sind paarweise untereinander durch Chromstahlbolzen verbunden. Die massiven Ahornstufen, die zickzackförmig angeordnet sind („Leonardo-da-Vinci-Stil"), kragen aus der Wand vor, die mit geschliffenem und poliertem Okum-Sperrholz verkleidet ist.

Oben Treppe in einem Haus in der Nähe von La Rochelle aus der Zeit um 1830. Der ursprüngliche Anstrich blieb erhalten, nicht aber das einfache Geländer.

Links Die Treppe in der Burr Tavern von East Meredith, New York, die aus dem 19. Jh. stammt, war ursprünglich gelbgrün gestrichen. Der derzeitige Besitzer ließ sie ockergelb, olivgrün und zinnoberrot streichen.

Türen

Die Außentür bildet einen Blickfang, von dem aus die Gestaltung der Fassade ihren Anfang nimmt. Sie ist ein entscheidender Faktor bei der äußeren Gestaltung eines Gebäudes. In ähnlicher Weise beeinflußt das Design der Innentüren die Raumproportio-

Mag die Tür zur eleganten Eingangshalle eines Stadthauses oder zur Küche eines Cottages führen, stets wirkt sie als Blickfang.

Oben links und Mitte *Bis zum 17. Jh. bestanden die meisten Türen aus senkrechten Eichenbrettern, die auf der anderen Seite durch waagrechte Bretter fixiert wurden. Diese Türen aus einem englischen Fachwerkhaus des 14. Jh. mit Ergänzungen aus dem 16. Jh. sind typische Beispiele. Die Tür links ist original erhalten, die Tür rechts ein relativ neuer stilechter Ersatz.*

Oben rechts *Eine ländliche Tür aus zwei waagrecht gegen senkrecht stehende Schichten von rohen Holzbrettern in Stephen Macks Chase Hill Farm, Rhode Island, USA. Die Köpfe der Nägel liegen frei – eine dekorative Spielerei aus dem Mittelalter, die hier übernommen wurde.*

Oben, von links nach rechts *Eine handgeschmiedete Türklinke aus dem 18. Jh.; Rahmentüren mit handgeschmiedeten H-förmigen Scharnieren; ein paar originale einfache Türen in einer Scheune aus dem 18. Jh. in Harvard, Massachusetts, USA, restauriert von Stephen Mack.*

nen, und die Wahl der Oberflächenbehandlung und der Beschläge trägt ebenfalls viel zur Gesamtgestaltung bei. Die ältesten Türen waren auch die einfachsten. Sie wurden aus waagrechten und senkrechten Brettern gefertigt, die man miteinander vernagelte. In vielen Holzhäusern wurde dieser einfache Stil beibehalten, und oft wechselte mit den Moden der Jahrhunderte nur das Dekor.

Zur Zeit der Tudor bestanden die Außentüren aus Eichenplanken, die bis 65 cm breit waren. Sie wurden entweder durch

Unten Diese hochpolierte Eichentür aus breiten Brettern aus dem 16. Jh. führt zum Schlafzimmer eines englischen Landhauses. Der einzige Schmuck besteht in den abgeschrägten Kanten der waagrechten Balken.

waagrechte Leisten an der Innenseite oder von einer zweiten Plankenreihe zusammengehalten, die im rechten Winkel dazu fixiert war. Die Köpfe der Nägel ließ man oft als Schmuckelemente stehen.

In der Mitte des 16. Jahrhundert tendierte man zu Türen, deren Schnitzmuster einem Faltenwurf ähnlich sah. Gelegentlich bestanden damals größere Türen bereits aus einem Rahmen mit Füllungen, doch waren Türen aus zwei senkrecht auf waagrecht

Oben Alle Türen in der Burr Tavern aus dem 19. Jh. in East Meredith, New York, sind original erhalten. Diese rustikale Tür aus zwei breiten Brettern zeigt den originalen ockergelben Anstrich. Die elegantere Tür dahinter mit den vier Füllungen wurde vor kurzem olivgrün gestrichen.

Oben Eine Rahmentür mit einer unbemalten Daumenklinke aus Eisen in Stephen Macks Haus, Chase Hill Farm, die im 18. Jh. erbaut wurde. Die in sanftem Blau bemalte Tür bildet einen starken Gegensatz zu der weiß getünchten, mit Brettern verschalten Wand.

Gegenüberliegende Seite oben *Die Wände dieses niederländischen Hauses aus der Mitte des 19. Jh. trugen ursprünglich Tapeten, wurden dann mit Holz verkleidet und gestrichen. Die Verkleidung schließt auch eine „verborgene" Tür mit ein, die ins Design paßt.*

Gegenüberliegende Seite unten *Tür mit vier Füllungen innerhalb einer neueingefügten Trennwand in einer Scheune aus dem 18. Jh.*

Links *Holzverkleidete Wand und Tür im Eßzimmer des englischen Landhauses Athelhampton House, Eiche, 17. Jh. Sie wurde 1985 ockergelb angestrichen.*

Unten *Die teilverglaste Rahmentür läßt viel Licht auf die Treppe der Simon Huntington Tavern in Norwich, Connecticut, USA, fallen.*

Unten rechts *Zweiflügelige halbverglaste Tür, korallenrot gestrichen, womit an die Nähe des Meeres erinnert wird. Sie trennt den Eingang vom Wohnzimmer in Christian Liaigres Haus in der Nähe von La Rochelle, Frankreich.*

befestigten Bretterreihen noch die Regel. Türen im Hausinneren waren im allgemeinen besser gearbeitet als Außentüren. Klassische Schmuckmotive wie Säulen und Rahmen kamen nach der Mitte des 16. Jahrhunderts auf. Im allgemeinen verwendete man einfache lange Scharniere, die entweder in der Türlaibung versenkt oder mit Nägeln auf der Oberfläche befestigt wurden. Eine individuelle Note ergab sich durch die Art der Klinke: normale Türen hatten einfache Klinken aus Eisen oder Holz. Schlösser aus Schmiedeeisen oder Messing galten als Luxus, der nur besseren Häusern vorbehalten war.

Türen mit Füllungen waren ein Merkmal barocker Häuser, wobei pro Tür zwei bis fünf Füllungen in unterschiedlichen Formen eingefügt wurden. Zu jener Zeit montierte man die Scharniere eher auf der Innenseite der Tür, anstatt sie in die Laibung einzulassen. Im Lauf der Zeit wurden aus Sicherheitsgründen Kastenschlösser notwendig; gleichzeitig entwickelten sie sich zu einem Modeartikel und wurden oft ausgiebig mit Gravuren geschmückt. In der Mitte des 18. Jahrhunderts besaßen englische Innentüren bewegliche Türklinken, und der allgegenwärtige Türknauf wurde geboren.

In besseren nordamerikanischen Häusern des späten 17. Jahrhunderts besaßen die Türen zwei Füllungen, die nicht tief eingesenkt waren. In der Zeit um 1730 ging der Trend zu Türen mit erhöhten Füllungen mit klassisch gestalteten Einfassungen. Diese Mode kam über europäische Musterbücher und Immigranten aus

Links Ein paar gestrichene Rahmentüren in einem georgianischen Haus aus dem 18. Jh. in Stonington, Connecticut, restauriert von Stephen Mack. Die erhöhten Füllungen wurden von 1730 an immer beliebter.

der Alten Welt nach Amerika. Ein häufiges Muster war ein durchbrochener segmentierter Bogen mit Pinienzapfenabschluß. Einige Innentüren besaßen Lamellen, die besonders in heißen Sommermonaten als Sonnenschutz dienten.

Die Innentüren der einfachen Häuser im frühen 19. Jahrhundert bestanden aus angestrichenen Brettern. In den größten Häusern wurden sie aus massivem Mahagoni mit polierten Füllungen in aufwendigen Rahmen gefertigt. Intarsien aus Ebenholz, Stechpalme oder Kirsche verliehen den Türen einen Hauch Exotik.

Von 1770 an wurde es Mode, Türfüllungen dekorativ im pompejanischen oder etruskischen Stil zu bemalen, und zu Beginn des 19. Jahrhunderts fanden in den wohlhabenderen Schichten ägyptische Motive eine weite Verbreitung. Die Anregung dazu gab der Feldzug Kaiser Napoleons nach Ägypten. Dies war auch die Zeit der massiven Stoßplatten. Sie waren meistens aus Messing. Während der Regency-Zeit bis in die Zeit um 1840 liebte man große Flügeltüren, die zu Empfangsräumen führten. Die Türen hatten entweder vier oder sechs Füllungen mit entsprechenden Rahmen. Beliebt waren zu jener Zeit Imitationen von Rosenholz oder Mahagoni. Damals befestigte man Eisen- oder Messingschlösser auf der Oberfläche der Tür, doch es gab auch schon neuere in der Laibung versenkte Schloßtypen.

Während der viktorianischen Zeit waren Innentüren, die zu Empfangszimmern führten, bis zu 8 cm dick und besaßen viele Füllungen mit den entsprechenden Rahmen. Türen zu weniger formellen Räumen hingegen waren nur 2 cm dick. Einfache Türen aus Kiefernholz blieben im wesentlichen unbehandelt, um die Maserung zu zeigen. Schiebetüren zwischen dem Empfangs- und dem Eßzimmer traf man häufig in amerikanischen Häusern der viktorianischen Zeit an. In englischen und amerikanischen Arts-and-Crafts-Häusern wurden glatte Türen aus einfachen Planken nach mittelalterlicher Manier wieder Mode, wobei man eher

Rechts Die Eingangstür der Burr Tavern mit ihren sechs Füllungen hat eine eiserne Klinke. Messingbeschläge blieben zu Beginn des 19. Jh. in ländlichen Gebieten auf Innentüren beschränkt.

Unten rechts Diese von Stephen Mack restaurierten Türen haben Kastenschlösser aus Messing. Sie waren nach 1725 bis zum Ende jenes Jahrhunderts sehr beliebt.

Ganz oben links und rechts *Türen mit Füllungen in Stephen Macks Haus, Chase Hill Farm. Während des 18. Jh. wurden in georgianischen Stadthäusern sechs Füllungen statt vier immer beliebter. Auch die Höhe der Füllungen veränderte sich in dieser Zeit, wobei sie gegen Ende der Periode immer flacher wurden.*

Oben links *Eine Tür mit bogenförmigem Abschluß und zehn Füllungen im Empfangsraum des Joseph Webb House in Wethersfield, Connecticut.*

Oben *Diese Tür mit sechs Füllungen und Messingbeschlag ist typisch für georgianische Räume des späten 18. Jh. zu beiden Seiten des Atlantiks.*

Klinken als Türknöpfe verwendete. Einige bemalte Türfüllungen der Aesthetic Movement der 1880er Jahre zeigen als Motive einheimische Pflanzen und Vögel, und die Türbeschläge waren damals aus gehämmertem Kupfer. Polierte Teak- oder Mahagonitüren verliehen manchen englischen Häusern der edwardianischen Periode eine besondere Klasse.

Amerikanische Beaux-Arts-Häuser waren großzügige Bauten mit weiten offenen Bögen, die Eingangshallen und Wohnräume miteinander verbanden. Mahagoni war damals sehr beliebt, ebenso die französisch inspirierten, mit Blumen, klassischen Motiven und Landschaften bemalten Füllungen. Stilisierte Füllungen mit Faltenwurfmuster im Tudorstil waren häufig in den Häusern des „Tudorbethan" der zwanziger Jahre auf beiden Seiten des Atlantiks. Nach 1930 überwogen massenproduzierte einfache Türen aus Kiefernholz. Moderne Innenarchitekten bevorzugten damals einfache Türen aus Sperrholz ohne Füllungen.

Fenster

Fenster erfüllen mehr Aufgaben, als nur Licht hereinzulassen. Ihre Lage bestimmt auch über die Anordnung der Möbel, und in den meisten Räumen ist das Fenster auch ein zentraler Anziehungspunkt. Die Art des Holzes, die man für den Fensterrahmen verwendet, wird damit genauso wichtig wie die Sicht, die man aus dem Fenster hat. Mag der Fensterrahmen gestrichen und lackiert oder naturbelassen sein, Holz verleiht stets einen gewissen Charakter, den sonst kein anderes Material aufweist.

Sinn für Proportionen ist besonders wichtig bei der Planung der Inneneinrichtung eines Zimmers. Die Struktur eines Fensters wird nicht nur von der Tradition und der gerade herrschenden Mode bestimmt, sondern auch von den Raumdimensionen. Bis ins späte 16. Jahrhundert hinein war das Fenster einfach eine unverglaste Öffnung in der Wand, die durch senkrechte Fensterpfosten und bisweilen auch waagrechte Querhölzer unterteilt wurde. Die meisten Fenster hatten Dreh- oder Schiebeladen aus massivem Holz, die Wind und Regen abhielten. Später befestigte man kleine Glasscheiben direkt an den Fensterpfosten oder später in Bleiruten.

Vom späten 16. Jahrhundert an gab es zwar Glas, doch sein hoher Preis hatte zur Folge, daß Glasfenster nur für die statt-

__Unten__ Ein Zimmer im oberen Stock des Hempstead House, New London, Connecticut, USA, aus dem Jahr 1678. Die originalen Fenster haben Rahmen aus Holz, senkrechte Eisenstäbe und diamantförmige Scheiben in Bleiruten.

__Unten rechts__ Diamantförmige Glasscheiben sind in Bleiruten an senkrechten Eisenstäben des Buttolph Williams House in Wethersfield, Connecticut, aus dem Jahr 1715 befestigt.

__Rechts__ Die beiden Schiebefenster lassen viel Licht in das Schlafzimmer im Dachgeschoß von Stephen Macks Chase Hill Farm in Rhode Island eindringen.

Rechts *Diese Schiebefenster in der Burr Tavern von Chris Ohrstrom in East Meredith, New York, wurden mit Spanischbraun gestrichen. Die Farbe war zu jener Zeit leicht zu bekommen und daher billig. Man bemalte damit im späten 18. und frühen 19. Jh. Tischlerarbeiten in zweitrangigen Räumen.*

Oben und ganz oben links *Die Schiebeläden im Isaac Stevens House in Wethersfield aus dem 18. Jh. sollten nicht nur das Licht fernhalten, sondern auch ein Gefühl von Privatheit und Intimität vermitteln.*

Oben rechts *Ein klassisches Schiebefenster in The Battery, einem Rahmenhaus in Whitstable, Kent, England, aus dem 19. Jh. Wandverkleidung und Fensterrahmen bilden eine hübsche Farbkombination.*

Läden mit Lamellen machen ein Fenster sehr verwandlungsfähig, schützen vor dem Sonnenlicht und sorgen für Belüftung.

Links *Zweiklappige Innenläden mit Lamellen im Bath House, einem modernen Anbau eines Holzhauses aus dem frühen 20. Jh. auf einer Insel in New Hampshire, USA.*

Rechts *Ebenfalls im Bath House befinden sich die senkrechten Lamellen an einem langgestreckten bandförmigen Fenster. Sie sind drehbar.*

lichsten Stadt- und Landhäuser in Frage kamen. Die ersten Glasscheiben wurden aus mundgeblasenen Platten von geringem Durchmesser geschnitten und waren ziemlich dunkel. Diese Butzenscheiben ordnete man diagonal an. Im 17. Jahrhundert wurden die Scheiben größer und zu Rechtecken angeordnet. Nicht alle Fenster ließen sich zu jener Zeit öffnen.

Während des Barocks und der georgianischen Periode wurden die Fenster größer und schöner gearbeitet. Die Entwicklung vertikaler Schiebefenster mit Gegengewichten in der Zeit um 1670 bedeutete, daß keine Pfosten und keine Querhölzer mehr notwendig waren. So wurden Schiebefenster in großen Backsteinbauten Mode. In Fachwerkhäusern verwendete man weiterhin die herkömmlichen Drehfenster. Für die Fensterrahmen nahm man Fichten- oder Kiefernholz und schützte es mit Bleiweiß gegen die Witterung. Wenn Innenläden zum Fenster gehörten, paßte man deren Gestaltung in der Regel den übrigen Tischlerarbeiten im Zimmer an. Nicht selten stößt man auf originale Läden, die weiß angestrichen wurden – nach heutigen Designvorstellungen ist das akzeptabel, doch gehen dabei die authentische Maserung und der Goldton des Kiefernholzes verloren.

Häuser der spätgeorgianischen Zeit waren mit Licht erfüllt, wobei die Fenster in den oberen Stockwerken fast so groß waren wie die im Erdgeschoß. Im Salon reichten die Fenster bis zum Fußboden, was dem Raum Weite und Eleganz verlieh. In der Zeit um 1780 kamen als Neuentwicklung Flügeltüren auf, die einen leichten Zugang zum Garten oder in Stadtwohnungen zu einem kleinen Balkon erlaubten. Flügeltüren verleihen einem Raum eine ganz besondere Note und sind seit ihrer Erfindung ein beliebtes architektonisches Element. Von Frankreich aus verbreiteten sie sich über ganz Europa. Zur selben Zeit entwickelte man auch Variationen der konventionellen Schiebefenster, etwa bogenförmige Fensterrahmen.

Gegenüberliegende Seite *Das waagrechte Fensterband hoch oben in der holzverkleideten Wand läßt Tageslicht hinein, ohne die private Atmosphäre im Innern zu stören.*

Die Aufhebung der Fenstersteuer 1851 in Großbritannien und schrittweise Verbesserungen in der Glastechnik erlaubten es, daß die Fenster zu Beginn des 20. Jahrhunderts stabiler, größer und billiger wurden. Die schweren Außenfassaden früher Arts-and-Crafts-Häuser wurden von zufällig angeordneten Fenstern mit Holzrahmen und kleinen, in Bleiruten gefaßten Glasscheiben aufgelockert. Anhänger dieses Stils legten Wert auf Licht und frische Luft in Innenräumen, und in Queen-Anne-Häusern wurden längliche Schiebefenster bevorzugt. Nischen und Erkerfenster überwogen in England, während auf beiden Seiten des Atlantiks ganze Fensterreihen beliebt waren. Dem innovativen Beispiel von Charles Rennie Mackintosh und Frank Lloyd Wright folgend setzte man die Fenster entweder in gleicher Ebene mit der Außenwand oder brachte sie versenkt an, dann aber ohne die bisher übliche Einfassung.

Der Einfluß Skandinaviens wurde in England während der dreißiger Jahre spürbar, und Holz wurde erneut das beliebteste Material für den Fensterrahmen. Große Panoramafenster – unsichtbare Barrieren zwischen der Außen- und der Innenwelt – waren unter den Architekten der Moderne sehr beliebt. In einem abgelegenen Landhaus bot ein solches Panoramafenster einen weiten Blick in die Landschaft und erhöhte den Wert des Hauses. In den Städten dagegen fühlten sich die Bewohner häufig exponiert und beobachtet. In der Regel schützte man hölzerne Fensterrahmen durch Farben oder Lacke gegen die Elemente. Meistens wählte man Kiefer, weil sie billiger war als die natürlich viel besseren Harthölzer. Seitdem es die Versiegelung gibt, verwendet man lackierte Harthölzer.

Oben Diese quer gesetzten rechteckigen Fenster mit Holzrahmen beleuchten den oberen Teil der Treppe und das Podest. Der Architekt Jim Ruscitto wählte diese Form, um einen Kontrast zur Wand aus Baumstämmen zu schaffen.

Oben *Wellblech dient nicht nur als Dachabdeckung. In diesem australischen Haus bildet es, weiß angestrichen, eine Metallfassade mit zwei Klappfenstern.*

Oben *Die Kombination aus Klappfenster und verstellbaren Lamellen bietet viele Möglichkeiten. Sie eignet sich gut für das unbeständige subtropische Klima in Brisbane.*

Oben und oben rechts *Atelier eines australischen Hauses, entworfen vom Architekten John Mainwaring. Für die richtige Beleuchtung sorgen Fensterfronten und verstellbare Lamellen. Darüber liegen große Fensterscheiben, die stets Licht hereinlassen, auch wenn die Lamellen darunter geschlossen sind.*

Oben *Die großen Fensterscheiben an einem der Giebel dieses Hauses in Aspen, Colorado, USA, sorgen dafür, daß in das obere offene Stockwerk über der großen Eingangshalle viel Licht gelangt.*

Links und unten *Der Eingangskorridor erstreckt sich in diesem Haus von John Mainwaring in Queensland, Australien, über zwei Stockwerke. Klappfenster und Fenster mit Lamellen gestatten eine Steuerung des Lichteinfalls und gleichzeitig eine gute, konstante Belüftung, so daß eine Aircondition überflüssig ist. Im Erdgeschoß kann man über Schiebetüren ins Freie gelangen.*

In heißen Gebieten ist die Anordnung der Fenster entscheidend, um die Wohnräume mit genügend Licht zu versorgen und gleichzeitig die grelle, schädliche Sonnenstrahlung fernzuhalten. Dachfenster, lange schmale Fenster hoch oben an der Außenwand und Fenster mit Lamellen sind drei effiziente Lösungen, die für Licht und Belüftung sorgen, gleichzeitig aber Möbel und gepolsterte Sessel vor der Sonne schützen.

Die zeitgenössischen Architekten nutzen die schier endlosen Designmöglichkeiten, die sich durch die Kombination von Glas und Holz ergeben. Die Technik stellt auch immer bessere Fensterscheiben zur Verfügung, so daß man heute große Flächen in Glas ausführen kann.

Einbaumöbel

Zu Beginn des 16. Jahrhunderts waren Einbaumöbel in Europa und Skandinavien sehr beliebt. Die Küche und das Eßzimmer wurden dabei natürlicherweise als Speicher für Nahrungsmittel verwendet. Gut belüftete Schränke hielten die Nahrungsmittel frisch. In vielen Bauernhäusern gibt es heute noch einen solchen Schrank mit einem Drahtnetz als Schutz vor Insekten. In reicheren Haushalten versteckte man die Nahrungsmittel hinter Schloß und Riegel. Die dafür benutzten Einbaumöbel schmückte man mit schönen Eisenbeschlägen. Die meisten Küchen hatten damals eine Speisekammer; sie bestand aus einem kleinen, verschließbaren Raum – oft nur in Schrankgröße – an der kühlsten Stelle des Hauses. Einige Inventarverzeichnisse aus dem 15. und 16. Jahrhundert lassen zwar darauf schließen, daß man darin vor allem Bücher aufbewahrte. Aus anderen Quellen wissen wir jedoch, daß dort Essensreste aufbewahrt wurden, die man an die Armen verteilte. Nicht wenige Speisekammern lagen in der Nähe des Herdes, weil es dort am trockensten war. Schon relativ früh, vor allem aber in der Barockzeit, gab es Eckschränke mit Muschelornamenten und geschwungenen Regalen, in Skandinavien auch mit volkstümlichen Malereien.

Bis zum Ende des 17. Jahrhunderts bestand der größte Teil der Inneneinrichtung in Skandinavien aus Einbaumöbeln. Das gilt auch für die geschnitzten und hübsch bemalten Bettgestelle. Holz-

Seit Beginn des 16. Jahrhunderts wurden praktische Einbaumöbel in vielen Häusern zu Standardelementen.

Oben Mauernische mit Regalen und eingebautem Geschirrschrank in Ischa van Delfts Haus in den Niederlanden aus der Mitte des 19. Jh.

Links Holzverkleidung im Eß- und Empfangszimmer des Isaac Stevens House in Wethersfield, Connecticut, USA, mit einem kleinen Porzellanschrank – typisch für das 18. Jh.

Rechts und oben rechts Eine elegante neoklassizistische Mauernische neben dem Kamin im Joseph Webb House in Wethersfield.

verkleidete Räume des 18. Jahrhunderts besaßen oft einen Alkoven mit übereinanderliegenden Regalen, um darauf Porzellan zu präsentieren. Flache Hängeschränke baute man in der Mitte des 18. Jahrhunderts, oft paarweise und fast immer mit einer Glasfront. An der Seite von Kaminsimsen gab es in solchen holzverkleideten Räumen in der Regel einen versteckten Schrank, in dem man Holzscheite und Kiefernzapfen aufbewahrte. Eckschränke breiteten sich rasch aus; mit der Entwicklung von Glasscheiben boten sie Gelegenheit, wertvolle Einrichtungsgegenstände auszustellen. Häufig wurden auch Sitzgelegenheiten in Fensternischen und in der Nähe offener Feuerstellen eingebaut; ähnliches galt auch für Sitzbänke mit hochklappbaren Sitzflächen, unter denen Stauraum zur Verfügung stand. Als immer mehr Bücher gedruckt wurden, ließen sich viele Hausbesitzer offene Regale einbauen. Ursprünglich bewahrte man Bücher in geschlossenen Schränken auf. Doch dann wurde es Mode, die Druckwerke zu zeigen, und so kamen Regale aus massiver Eiche oder Mahagoni auf. Reicher geschmückte Bibliotheken bestanden aus eingebauten Schränken mit Glasfronten. In das Zimmer der Hausfrau oder an den Wänden von Korridoren im oberen Stock baute man Schubladen und Regale ein, um darin die Leinenstoffe aufzubewahren. Eine häufig nachgeahmte Erfindung des skandinavischen Designs im 18. Jahrhundert war das Tellergestell. Man befestigte es an der Wand und stellte darin Erbstücke aus Fayence oder Keramik aus. Noch heute findet man ein solches Gestell in vielen Küchen.

Oben Ein eingebautes Bücherregal nutzt die Dachschräge in diesem Holzhaus auf Long Island, New York, USA.

Oben Diese Bücherregale aus Kiefernholz folgen dem sechseckigen Grundriß des Bath House auf einer Insel in New Hampshire, USA.

Links Das dunkel gestrichene eingebaute Büfett, dessen unterer Teil früher Türen hatte, ist ein typisches Einrichtungsstück des 18. Jh. Es steht in der Küche des Silas Deane House, das 1766 in Wethersfield gebaut wurde.

Zu Beginn des 19. Jahrhunderts dominierte der Klassizismus bei den Einbaumöbeln: beliebt waren hochpolierte Harthölzer wie Mahagoni. Geschwungene Eckschränke waren verbreitet, und in

Eßzimmern gab es häufig in eine Wandnische eingebaute Anrichten. Auch Bücherregale waren oft in die Wand versenkt.

Während der Regency-Zeit in den vierziger Jahren des vorigen Jahrhunderts gab es verhältnismäßig wenige Einbaumöbel. Nur in der Küche und in den Räumen der Bediensteten waren die nötigen Stauräume vorhanden. Doch parallel zum technischen Fortschritt bei der Holzbearbeitung wurden die Möbel immer mehr als freistehende Einheiten gefertigt. Häuser des amerikanischen Federal Style und des europäischen Empire-Stils zeigten an den Wänden neben den Kaminen Einbauschränke mit Regalen. Darin bewahrte man Porzellan und Bücher auf. Einbaumöbel in der Küche waren aus Kiefernholz, das oft dunkelrot und grün angestrichen wurde.

Zur viktorianischen Zeit fanden Einbaumöbel in England eine große Verbreitung. Als letzter Schrei einer schicken Inneneinrichtung galten eingebaute Bibliotheken und Schlafzimmer aus polierten oder gestrichenen Harthölzern. Zur Standardausrüstung gehörte ein Büfett für Porzellan, ursprünglich mit offenen Regalen, später mit verglasten Türen. Die Inneneinrichtung in Amerika war ähnlich. Sitzgelegenheiten beim Fenster wurden gerne eingebaut, sowohl in amerikanischen Häusern des Colonial Revival Style wie auch in den Häusern der Arts-and-Crafts-Bewegung.

Rechts Die Spüle besteht aus einem Stück massivem Granit und wurde in einen eingebauten Unterschrank eingesetzt. Die gesamten Schreinerarbeiten in der Küche von Stephen Macks Haus, Chase Hill Farm, wurde im Braunrot des Kolonialstils gestrichen. Auf den Regalen darüber ist Geschirr ausgestellt.

Oben Die Einbauschränke im Badezimmer der Burr Tavern, East Meredith, New York, sind vom traditionellen Shaker-Design inspiriert. Im 19. Jh. ging man dazu über, Gebrauchsgegenstände zu verstecken.

Oben Das Badezimmer der Chase Hill Farm aus dem späten 18. Jh. enthält eine emaillierte Badewanne mit rundem Rand und Einbauschränke aus gekalktem und mit einer durchscheinenden weißen Beize behandeltem Kiefernholz.

Oben Eine Waschbeckeneinheit aus Teakholz in Christian Liaigres Haus in der Nähe von La Rochelle. Wenn man Teakholz regelmäßig mit Öl behandelt, verträgt es Feuchtigkeit sehr gut und eignet sich besonders für Badezimmer und Küche.

Zu Beginn des 20. Jahrhunderts galten Schränke mit stabilen Türen, hübschen Scharnieren und Beschlägen, eingebaute Vitrinenschränke für Bücher und Porzellan und Sitzbereiche an den Wänden in Wohn- und Eßzimmern als Hauptelemente von Arts-and-Crafts-Häusern. Viele Architekten experimentierten mit Einbaumöbeln. Charles Rennie Mackintoshs Schränke waren oft kastenähnlich mit Einlegearbeiten aus Glas oder Metall, mit

Leisten oder Malereien, die vertikale Motive an den Wänden weiterführten. In Amerika nutzte Frank Lloyd Wright die plastischen Möglichkeiten von Einbaumöbeln, indem er Schränke und Sitzbereiche mit Kaminen und Fenstern verband und sich wiederholende dekorative Motive einsetzte. In der edwardianischen Zeit kamen eingebaute Ankleidezimmer auf, denn es galt damals als ungesund, dort zu schlafen, wo auch Kleider und Schuhe aufbewahrt wurden. In der Zeit zwischen dem Ersten und dem Zweiten Weltkrieg breiteten sich Einbaumöbel weiter aus, hauptsächlich um Platz zu sparen. Die zeitgenössische Architektur trat dafür ein, möglichst viele Möbel einzubauen: Schränke, Bänke mit Klappsitzen und Betten mit einem Kasten, den man als Stauraum verwenden konnte. Das Hauptziel war es, die Räume einheitlich zu gestalten und nicht mit Einrichtungsgegenständen vollzustopfen.

Links *Die weiß verkleidete Küche in Christian Liaigres Haus in der Nähe von La Rochelle weist nur einfache Regale auf. Die Unterschränke bestehen aus teergebeiztem Kiefernholz. Die obere Platte der Spüle besteht aus ölbehandeltem Mahagoni. Neben der Spüle befindet sich auch ein Kochherd.*

Links und unten links *Die Wände des Kitchen House in diesem renovierten Inselhaus in New Hampshire aus den 20er Jahren tragen offene Regale mit allerlei Geschirr sowie ein Gestell, an dem verschiedene Küchengeräte mit Haken befestigt sind.*

Rechts *Die Küchenschränke der Burr Tavern sind preußischblau gestrichen. Vor der Zeit um 1830 war dies in den USA eine Modefarbe. Man sieht sie aber selten in reiner Form, weil das Pigment sehr teuer war und man es oft mit billigeren weißen Farben mischte, so daß ein hellerer Blauton zustande kam.*

Möbel

Die Möbel in einem modernen rustikalen Haus haben ihre Wurzeln in der handwerklichen Tradition jener Schreiner, die aus einem Stück Holz Stühle, Tische oder einfache Schränke herstellten. Wo auch immer diese ersten rustikalen Stücke entstanden sein mögen – in Skandinavien, Mitteleuropa, Amerika oder sogar Australien –, man schätzt sie noch heute wegen ihrer derben und schlichten Formen.

Von der Großzügigkeit der Natur zu profitieren bedeutet, sich beim Design von den naturgegebenen Formen inspirieren zu lassen. So waren die ersten Möbel einfach und funktional: Stühle

Unten links Die Basis und die Sitzfläche dieses rustikalen Stuhles bestehen aus Latten. Die Arm- und Rückenlehnen sind mit Rindsleder überzogen.

Unten Mitte Ein paar Liegestühle im Adirondacks-Stil auf der Terrasse eines Hauses in Sun Valley, Idaho, USA.

Ganz unten Mitte Die Sitzgelegenheit, die der Architekt Jim Ruscitto entwarf, wurde in den oberen Teil eines Kiefernstamms geschnitzt, der den Rand einer Galerie in einem Blockhaus in Aspen, Colorado, USA, trägt. Schon im Mittelalter war es in Skandinavien Sitte, Sitze in die Basis eines Baustammes hineinzuschnitzen.

Rechts, unten und ganz unten Die Möbel auf dieser Terrasse bei Aspen sind stark vom Adirondacks-Stil beeinflußt, der mit Zweigen und Ästen arbeitet. Das Holz für die Sessel wurde an Ort und Stelle in den Rocky Mountains gesammelt.

Links *In dem hohen Lehnstuhl auf der Veranda in Aspen begegnen sich Einflüsse vom Westen wie vom Osten.*

Unten *Wie dieser bäuerliche Schemel mit verzweigten Ästen als Beinen sahen wohl die ersten Sitzmöbel in ländlichen Gebieten Skandinaviens, Mitteleuropas und den USA aus.*

Unten *Zwei „Bruyère"-Stühle in Christian Liaigres Haus von La Rochelle.*

Links Geflochtener afrikanischer Sessel in einem modernen Holzhaus auf Long Island, New York, USA.

Rechts Der Eßbereich in diesem restaurierten Bauernhaus in Megève, Frankreich, aus dem 18. Jh. ist mit einem stabilen Klostertisch mit fester Platte aus der Provence und dekorativen savoyardischen Bauernstühlen mit geschnitzter Lehne ausgestattet.

Links Ein Stuhl für das Eßzimmer, entworfen vom amerikanischen Architekten Mark Pynn. Die Sitzfläche, die Lehne und die Seiten des Stuhles bestehen aus Bugholz und sind selbsttragend.

bestanden aus kurzen, gedrungenen Ästen, die man auf die Unterseite einer runden Baumscheibe nagelte. Ein Sessel bestand aus einer flachen Sitzfläche, vier Beinen und senkrechten Stäben als Rückenlehne. Äste und Zweige wurden zu Komponenten von Möbeln geflochten und gebogen. Manchmal bestanden die Stühle auch nur aus massiven Stammabschnitten, auf die man einfach ein Kissen legte. Lange Kieferntische gibt es schon seit dem 16. Jahrhundert. Man aß an ihnen, arbeitete darauf und versammelte sich abends um sie herum. Der Holztisch ist heute noch Teil des Gemeinschaftslebens und fehlt auch in kaum einer modernen Küche.

Die meisten Möbeldesigns entwarfen die Drechsler und Schreiner. Sie erfanden vor allem jene Holzverbindungen, bei denen ein vorspringendes Stück in die Vertiefung eines anderen Stückes eingreift. Man spricht dabei von Nut und Feder, Zinken und Schwalbenschwänzen. Große primitive Möbel wie Tische und Schränke bestanden aus dicken Brettern, die mit Axt und Säge so zugeschnitten wurden, daß man sie mit handgefertigten langen Nägeln verbinden konnte. Der Schreiner stellte Stühle, Bettgestelle, Tische, Bänke, kleine und große Schränke, Leinenpressen und viele andere Möbelstücke her. Der Drechsler trug dazu alle jene Stücke bei, die er auf einer Drehbank fertigen konnte, vor allem Beine und Lehnen von Stühlen. Zur Herstellung praktischer Gegenstände verwendete man alle möglichen Holzsorten, besonders Eiche, Ulme und Kiefer. Durch die Geschicklichkeit des Handwerkers entfaltete jedes Stück seine individuelle Schönheit. Große Hochachtung genossen jene Meister, die die Maserung und die Schönheit des Holzes unter der Rinde erahnen konnten.

In den langen skandinavischen Wintern verbrachten die Männer den größten Teil der Zeit mit Holzarbeiten. Mit viel Kreativität erforschten sie das Holz und experimentierten mit seiner vielseitigen Verwendbarkeit. Die Freude daran, Schönheit und Funktion zu kombinieren, ist heute noch ein wichtiges Merkmal der skandinavischen Wohnkultur.

Fast ohne Ausnahme waren elisabethanische Möbel groß, aus massiver Eiche und ausgiebig mit Schnitzereien geschmückt. Im frühen 17. Jahrhundert wurde das Design einfacher und das Holz von Walnuß, Buche, Esche sowie Obstbäumen immer beliebter. Die Bettgestelle jener Zeit mit den vier Ecksäulen waren Meisterstücke eleganter Schnitzkunst, und man drapierte sie mit schwerer

Rechts und rechts unten *Im Werk des französischen Designers Christian Liaigre erkennt man japanische, thailändische, indonesische und karibische Einflüsse. Bei seinen Möbelentwürfen verwendet er beispielsweise gern dauerhafte, ölhaltige Harthölzer wie Teak. Er stellt auch eine enge Beziehung zwischen Form und Funktion her. Beim Himmelbett sowie beim Schreibtisch in seinem Haus bei La Rochelle zeigt sich eine Schlichtheit der Gestaltung, die an den Shaker-Stil erinnert.*

Unten *Ein einfach gestalteter Tisch und vier rustikale Stühle in einer holzverkleideten Küche bei Le Fermes de Marie in der Nähe des Mont Blanc, Frankreich.*

Oben *Ein einfaches Bett aus dicken Ästen und dünnen Zweigen im Adirondacks-Stil in einer Lodge in der Nähe von Aspen.*

Oben rechts *Ein typisches savoyardisches Kastenbett in La Ferme de Hauteluce am Fuß des Mont d'Arbois.*

Rechts *Dänischer Eichenschrank aus der Zeit um 1620 bis 1630, ursprünglich eingebaut und für die Lagerung von Wolle gedacht.*

Rechts *Die einfache Holzverkleidung ließ der Besitzer und Designer Ischa van Delft in mattem Hellblau streichen. Sie stellt einen eleganten Hintergrund für die rustikalen Stühle mit geflochtener Sitzfläche dar.*

Links *Das Tagesbett aus Ahorn, die Kirschkommode und das Himmelbett im Blauen Zimmer des Silas Deane House in Wethersfield, Connecticut, stammen alle aus der Mitte es 18. Jh.*

Links *Dieses Schlafzimmer in der Burr Tavern in East Meredith, New York, ist mit einem romantischen Himmelbett aus New England (um 1810) ausgestattet. Der Stoff ist ein Barchent, mit Spitze gesäumt.*

Baumwolle, mit Leinen oder sogar mit Seidestoffen. In provinziellen Häusern jener Zeit standen schwere Eichenstühle mit Rückenlehnen, mit oder ohne Armstützen; einzelne Bestandteile waren gedrechselt, die Sitzfläche war geflochten.

Mit neuen verbesserten Werkzeugen gelang es geschickten Schreinern, raffiniertere, vorzüglich gestaltete, freistehende Möbel zu bauen.

In Europa, den USA, in Australien und Neuseeland sind die einfache Anrichte aus Eiche, das kräftige Küchenbüfett aus Kiefer und der Stuhl aus Buchenholz mit Sprossenlehne Ikonen des ländlichen Stils im 18. Jahrhundert. Ein weiteres beliebtes Einrichtungsstück in vielen Holzhäusern war der Schaukelstuhl, der auf die Zeit um 1760 zurückgeht. Das erste Modell war ein ganz normaler Stuhl, bei dem geschwungene Kufen die vorderen und die hinteren Beine miteinander verbanden – ähnlich wie bei Wiegen aus derselben Zeit. In frühviktorianischer Zeit hatte der Schaukelstuhl eine S-förmige Lehne, und die Kufen waren gekrümmt – Bugholz, das nach dem Dämpfen in Formen gelegt wird, gab es nämlich erst aber Mitte der achtziger Jahre des 19. Jahrhunderts. Amerikanische Schaukelstühle jener Zeit hatten gerade Lehnen und galten als Möbel für ältere Leute.

Ein klassischer Windsor-Stuhl aus Esche ist mit all seiner Eleganz der Inbegriff des Stils des 18. Jahrhunderts. Er war in Caféhäusern sehr beliebt, weil ihm dauernder Gebrauch nichts ausmachte. Die Sitzfläche war sattelartig und körperkonform, und die Beine stellten keine Fortsetzung der Rücken- und Armlehnen dar – eine Innovation zu jener Zeit. Mit seiner halbrunden, durchbrochenen Rückenlehne unterschied er sich sehr von jedem anderen Stuhl des 18. Jahrhunderts. Eine Spielart dieses berühmten Windsor-Stuhles, im angelsächsischen Bereich unter der

Bezeichnung „Smoker's Bow Chair" bekannt, kam häufig in Küchen des 19. Jahrhunderts vor. Er besaß eine sattelartige Sitzfläche und auswärts gebogene gedrechselte Beine. Die Rückenlehne und vor allem die Armlehnen waren niedrig, so daß sich der Pfeifenraucher mit seinen Ellbogen darauf abstützen konnte.

Unten *In diesem bunt wirkenden Haus im Staat New York, das um 1835 erbaut wurde, steht ein Schaukelstuhl mit S-förmig geschwungener Lehne vom Ende des 18. oder dem Beginn des 19. Jh.*

Obwohl sich seither viel geändert hat, basieren auch moderne Holzmöbel auf Elementen der Vergangenheit und spiegeln damit Traditionen wider, die im Lauf der Jahrhunderte vervollkommnet wurden. Schreiner verwenden heute noch Techniken, die vor hundert Jahren perfektioniert wurden. Zeitgenössische Stühle, Tische und Schränke mögen aus den unterschiedlichsten Holztypen bestehen, doch die Anregungen zu ihrer äußeren Form stammen fast immer aus der Vergangenheit.

Ganz oben *Im Eßzimmer des Silas Deane House stehen Stühle aus Rhode Island und ein Tisch aus New York, beide aus Mahagoni (um 1760).*

Oben *Die Möbel im Washington Bedroom des Joseph Webb House in Wethersfield sind typisch amerikanisches Chippendale.*

Accessoires

Die Sinnlichkeit eines Gegenstandes aus Holz läßt sich nicht leugnen, und die Freude an der Berührung empfindet wohl jeder: die geschnitzte Dose aus Walnuß, glattpoliert durch den vieljährigen Gebrauch; einfache und funktionelle Shaker-Schachteln für Hüte, Knöpfe, Bänder und Nähzeug; Fotorahmen aus roher Rinde; exquisit geschnitzte Spiegelrahmen aus aromatischem Holz; bemalte Holzostereier mit heute noch geschätzten Ornamenten; und schließlich Masken von Naturvölkern, die für alle Zeiten ihre Magie beibehalten. Die Textur des Holzes und seine äußere Form fordern zum Anschauen und Berühren auf. Ein knorriger Spazierstock, gefunden während einer Wanderung, oder ein Stück Treibholz eignet sich zum Beispiel ideal als Lampenständer im Inneren eines Holzhauses. Selbst ausgefallene Formen wirken hier nicht prätentiös oder aufgesetzt, weil sie direkt der Natur entstammen.

Oben In diesem Blockhaus in der Nähe von Aspen, Colorado, erinnern Fotografien an den Wilden Westen. Einer dieser Fotorahmen steht sogar auf einem Tipi-Gestell.

Unten Eine Sammlung handbemalter hinterindischer Lackdosen in einem Holzhaus auf Long Island, New York.

Seit Jahrhunderten werden einfache rustikale Gegenstände aus Holz geschnitzt: Löffel und Kellen, Besenstiele, Wasserbehälter, Hackblöcke, Spinnräder und natürlich Spielsachen, die heute von Sammlern heiß begehrt werden. In Mitteleuropa und in Skandinavien saß man während des kalten Winters um den warmen Kamin und stellte aus Holz die unterschiedlichsten Gebrauchsgegenstände her. So entstand zum Beispiel auch die Krippenschnitzerei in Südtirol. Seit der industriellen Revolution werden zahlreiche Gegenstände mit Hilfe von Maschinen in großen Mengen produziert. Doch gerade in unserem Jahrhundert erwachte wieder das Interesse an traditionell von Hand gefertigten Holzobjekten.

Links Der Schirm für die gasbetriebene Wandlampe besteht aus gedämpftem und zurechtgebogenem Furnier. Die ältesten Lampenschirme aus Furnier kommen aus Schweden und stammen aus dem 17. Jh. Dünnes Furnier läßt Licht hindurchschimmern und die Maserung erkennen.

Unten links Eine Lampe aus Kokospalmenholz von Donghia Furniture/ Textiles in einem Haus auf Long Island. Der Lampenfuß lädt ganz besonders zum Betasten und Befühlen ein.

Unten rechts Die Lampenbasis in dieser Lodge aus Aspen setzt sich aus feinen Ästen zusammen, die untereinander und oben mit kleinen Zweigen verbunden sind, wodurch der Fuß wie natürlich gewachsen wirkt.

Rechts und rechts außen In einem Blockhaus hat ein Handwerker die Freiheit, auch ausgefallene Objekte aus lokal erhältlichen Werkstoffen zu schaffen. Die vom Adirondacks-Stil beeinflußte Lampe aus Birkenrinde steht auf einem massiven Beistelltisch aus einem halbierten entrindeten Stamm.

Die Behandlung des Holzes

Wer vom grellen Sonnenlicht in einen schwach beleuchteten Raum tritt, nimmt für einen Augenblick kaum etwas von der Umgebung wahr. Das Auge braucht fast eine Minute, um sich der geringen Lichtmenge anzupassen, doch dann wird wieder alles klar sichtbar: Farben treten hervor, Muster lösen sich von den Schatten. In ein bemaltes holzverkleidetes Zimmer einzutreten, ist eine ganz ähnliche Erfahrung: Man kann gar nicht alle Details auf einmal wahrnehmen, sondern muß sich den Einzelheiten widmen, etwa dem bunten Muster auf dem Boden, den verschwenderisch vergoldeten Schnitzarbeiten oder dem naiv bemalten Fries voller mythischer Figuren. Fast überall in der westlichen Welt ist der Begriff des

„Bauernmöbels“ mit bunten Malereien verbunden, die uns etwas über die Geschichte und die geistigen Vorstellungen der Menschen verraten: Wände mit tanzenden Schäferinnen, Schränke mit Rosengirlanden, eine Großvateruhr mit zarten Blüten; dazu kommen bemalte Wandverkleidungen und sogar Böden. Aber auch eine einfachere Oberflächenbehandlung hat ihren Reiz, sei es mit Öl, Wachs oder Lack, wodurch die Maserung stärker zur Geltung kommt. Mit solchen Verfahren kann jeder aus einem einfachen Stück Holz ein sinnliches Kunstwerk schaffen. Auf den folgenden Seiten werden die beliebtesten Arten der Oberflächenbehandlung beschrieben – für Böden, Wände sowie individuelle Möbelstücke.

Lasuren, Lacke und Farben

Im Lauf der Jahrhunderte wurden zahlreiche Lasuren, Lacke und Farben eingesetzt, um dem Holz Farbe zu verleihen und um die Oberflächen von Holzhäusern zu schützen. In unserem Jahrhundert dominieren fertig gemischte Lacke und Farben auf Öl- und Wasserbasis, die in einer unglaublichen Farbenvielfalt zu bekommen sind. Früher mußte der Maler allerdings seine Lasuren, Lacke und Farben selbst an Ort und Stelle mischen. Dabei griff er auf örtlich vorhandene Zutaten zurück.

Die älteste Oberflächenbehandlung geschah mit Kalkmilch – bereits in der Zeit um 8000 v. Chr. Man löscht dazu einen Kalkbrocken in Wasser und erhält eine Art Kitt, den man weiter mit Wasser verdünnt und schließlich mit wasserfesten Mitteln vermischt, etwa Leinöl oder tierischen Fetten. Wenn man mehrere Schichten aufträgt, entsteht eine opake weiße Farbe, die im Sonnenlicht hell leuchtet und bei bedecktem Wetter matt und kreideartig aussieht. Farbige Kalktünchen erhält man, indem man Pigmente hinzufügt. Traditionellerweise stammen sie aus der Erde, zum Beispiel Lehm oder Ocker, oder es sind Nebenprodukte der Bergbauindustrie, etwa Kobalt, Kadmium, Kupferkarbonat und Eisenoxid. Abgesehen vom Farbton, der mit dem Alter

Ganz oben, links und rechts *Das rustikale Aussehen der Holzverschalung des Cottage im Bild links steht in deutlichem Gegensatz zur Verkleidung aus den verspundeten waagrechten Brettern an der Rückseite des Bellevue Homestead in Coominya, Australien. Beide sind mit traditioneller rotbrauner Farbe bemalt.*

Oben links und Mitte *Die Burr Tavern von East Meredith in New York von 1835 war ursprünglich weiß angestrichen. Später nahm man für die Holzverschalung aus Weymouthskiefer ockergelbe Farbe. Die Türen und die Fensterrahmen sind venezianischrot gestrichen.*

Oben rechts *Das „Queenslander"-Haus des Architekten Tony Suttle in der Nähe von Brisbane, Australien, ist mit waagrechten verspundeten Brettern verkleidet. Das Dach über der Tür besteht aus Wellblech und ist wie die Bretter hellblau gestrichen.*

Rechts *Die Holzverkleidung von Stephen Macks „Cape Cod"-Haus, 1792 in Rhode Island erbaut, zeigt sich in authentischem „Colonial red".*

Unten *Das australische Haus ist mit überlappenden Brettern verschalt und hat ein Wellblechdach.*

Ganz unten *Als Kompensation für die starke Sonne verwendet der australische Architekt John Mainwaring kräftige Farben in den subtropischen Häusern von Queensland.*

Links und Mitte links *Die beiden Häuser unterscheiden sich auch durch die Verwendung der Farben: kontrastierende Farben heben im australischen Haus (Mitte links) Details hervor, während sie vom einfarbigen Weiß des neuseeländischen Hauses (links) unterdrückt werden.*

weicher wird, ist diese Kalklasur halbporös, so daß Feuchtigkeit von der Oberfläche verdunsten kann und nicht im Holz gefangen bleibt und dort zu Fäulnis führt. Überdies wirkt Kalkmilch gegen Bakterien und Insektenbefall. Diese ästhetischen und konservatorischen Qualitäten erklären die weite Verwendung der Kalkmilch bis ins späte 19. Jahrhundert hinein hauptsächlich auf Putz, Gefachen von Fachwerkhäusern und holzverkleideten Häusern.

Rechts Die Türen, der Kamin, die Stühle mit den Sprossenlehnen und die Schiebeläden in der Simon Huntington Tavern in Norwich, Connecticut, aus dem 18. Jh. sind zum größten Teil noch in den ursprünglichen Kaseinfarben gestrichen. Stephen Mack entdeckte sie bei der Restaurierung unter mehreren späteren Farbaufträgen. Wo die ursprüngliche Bemalung fehlte oder zu dünn war, sorgte er für eine authentische Restaurierung in der Originalfarbe.

Unten Sämtliche Innenräume und auch das Treppenhaus des Joseph Webb House in Wethersfield, Connecticut, aus dem späten 18. Jh. wurde bei der Restaurierung neu mit Ölfarben in Originaltönen gestrichen.

Unten Mitte Die Eingangshalle im Isaac Stevens House von 1779 weist eine rechteckige Täfelung und ein gedrechseltes Treppengeländer auf, die im typisch dunkelbeigen Farbton des 18. Jh. gestrichen sind.

Abgesehen von der allgegenwärtigen weißen Kalkmilch zeugen die verwendeten Farben natürlich von entsprechenden Mineralvorkommen in der Umgebung. In Nord- und Mitteleuropa verwendete man meistens die Farbtöne Creme, Sandfarben, Senfgelb, Hellbraun, Hellgrün, ein fahles Grau-Rosa und Rot. In Südeuropa zog man dunklere kräftigere Farben vor, etwa Malvenblau und ein sattes Gelb. In Skandinavien strich man bis ungefähr in die Mitte des 19. Jahrhunderts die Außenwände nicht an. Doch dann setzte man die unterschiedlichsten Farben ein: Cremeocker,

Oben rechts Holzverkleidete Wände in einer norwegischen Küche aus dem frühen 18. Jh., in traditionellem Kobaltblau gestrichen.

Rechts Die Diele dieses Hauses, das Ende des 17. Jh. in Norwegen erbaut wurde, weist als Verkleidung Holzbretter mit abgeschrägten Kanten auf. Der Anstrich ist authentisch.

Rechts Weiß gestrichene bretterverkleidete Wände und andere Tischlerarbeiten im Bedroom House, einem Anbau zu einem Haus, das zu Beginn unseres Jahrhunderts auf einer Insel in New Hampshire, USA, gebaut wurde. Die Besitzer wählten Weiß wegen seines karibischen Touchs und um das Innere während der feuchtheißen Sommermonate kühl zu halten.

Rechts außen Hellblaue Holzwände bilden einen kühlen Hintergrund für gebeizte und polierte Hölzer im Haus The Battery in Kent, England. Es wurde als Seemannsunterkunft errichtet und beherbergte später behinderte Kinder.

Unten Die Türen der Burr Tavern vom Beginn des 19. Jh. zeigen drei verschiedene Farben, nämlich Rot, Ockergelb und ein zartes Grün.

Hellgelb, Braunorange, Hellblau und Purpurblau, Lachsrosa und Rostrot. In den USA liebte man kräftige matte Erdfarben, etwa Rotbraun, Terrakotta, Ringelblumengelb.

Vor der Mitte des 19. Jahrhunderts verwendete man Kalkmilch auch für Innenwände und andere Holzarbeiten. Da sie jedoch bei Berührung abfärbte, ging man schließlich dazu über, Tierleim hinzuzufügen. Diese Kalkleimfarbe wirkt im trockenen Zustand opak und kann wie die gewöhnliche Kalkmilch in unterschiedlichen Tönen gestrichen werden. Die Tünche hält auf Putz sehr gut, auf Holz allerdings nicht. Sie blättert schnell ab, wenn das Holz darunter einen zu hohen Feuchtigkeitsgrad aufweist.

Oben links und rechts *Stephen Mack behielt in seinem Haus Chase Hill Farm den traditionellen Charakter der abbröckelnden Kalkkaseinfarbe an den Wänden bei. Die Türen sind mit einer blauen Kaseinfarbe gestrichen.*

Unten *Ein Türrahmen aus Preußischblau bildet die Einfassung für eine Tür mit aufgemalter Marmorierung in der Burr Tavern. Die Gestaltung der Maserung geht auf den Künstler Doug Vickers zurück.*

Deswegen neigten die Maler dazu, elastische, dauerhaftere Farben zu verwenden, vor allem für den Außenanstrich von Holzverschalungen.

Für reiche Auftraggeber mischten sie Farben auf Ölbasis mit gemahlenen Mineralpigmenten. Mit Kalkweiße hellten sie die Farben auf und vermischten sie schließlich mit gekochtem Leinöl und Terpentin. Diese Vorläufer der fertigen Ölfarben des 20. Jahrhunderts waren aber sehr zeitaufwendig in der Herstellung und in der Anwendung (zwei oder drei Schichten) und kosteten deswegen viel Geld. Kaseinfarben waren leichter herzustellen und

Gegenüberliegende Seite links und rechts *Die mit Kiefernbrettern getäfelte Kaminwand wurde vom Restaurator Stephen Mack so weit von Farbschichten befreit, daß die frühere blaugrüne Kaseinfarbe zum Vorschein kam. Nackte Stellen bemalte er mit entsprechender Kaseinfarbe.*

Rechts und unten *Die Wandtäfelung und die Tür mit ihrer Füllung gehören zu einem eleganten Salon in einem Haus aus dem späten 17. Jh. in Spitalfields, London. Die Goldschicht legte man über die dunkelkönigsblaue Bemalung. Auf den großen Paneelen brachte der Besitzer Silberblatt, auf den Zierleisten Goldblatt auf. Die vergoldete Oberfläche wurde anschließend mit Holzwolle behandelt, um den Anschein eines vergangenen Reichtums wiederherzustellen. So entstand mit der Inneneinrichtung ein stimmiges Ensemble.*

aufzutragen und hielten fast so lang wie Farben auf Ölbasis. Die Grundlage bildet Buttermilch oder entrahmte Milch, die man mit pflanzlichen oder mineralischen Pigmenten vermischt. Um Pilzwachstum und Insektenbefall zu verhindern, gab man üblicherweise etwas Kalk bei. Kaseinfarben trockneten schnell, und meistens trug man eine oder zwei Schichten auf, die ein opakes Finish mit einem subtilen matten satinartigen Glanz ergaben. Kaseinfarben verwendete man auf Außen- und Innenwänden sowie auf Möbeln in Europa und Skandinavien vom 17. Jahrhundert an. In Australien und Neuseeland verwendete man diese Farben während des 19. und noch zu Beginn des 20. Jahrhunderts. Ihre weiteste Verbreitung fanden sie jedoch im amerikanischen Kolonialstil des 18. Jahrhunderts und später noch einmal, als dieser Stil eine Renaissance erlebte, Ende des 19., Anfang des 20. Jahrhunderts. Man strich dabei Außenwände, Paneele, Fensterrahmen, Treppenhäuser und Türen fast ausschließlich mit dieser Farbe. Als Töne bevorzugte man Weiß, Senfgelb, Salbei, Dunkelgrün, Blaugrau, Rot und Schwarz.

Das Vergolden war eine beliebte Möglichkeit, Holzoberflächen, besonders Täfelungen, Leisten und Schnitzarbeiten zu schmücken. Man klebte dabei hauchfeine Goldblätter oder Goldpulver auf Oberflächen aus Holz oder Gips und polierte sie dann auf Hochglanz. In der Regel legte man unter das Goldblatt eine dünne Schicht aus rotem Ton (Bolus) oder aus rot gefärbtem Gips, um der Vergoldung einen warmen Ton zu verleihen. Seit dem Mittelalter setzte man die Vergoldung in Häusern der Reichen als Zeichen ihres Wohlstandes und Statussymbol ein.

Unten links außen *Das Büfett im Sønstebø-Haus in Heddal, Norwegen, wurde in den 40er Jahren des 19. Jh. von den Malern Olav Langerud, Vater und Sohn, geschmückt. Helle Farben sind typisch für die skandinavische Volkskunst, denn in Nordeuropa gibt es im Winter nur wenig Tageslicht. Die Erdfarben und die Blautöne sind kennzeichnend für die Region.*

Unten links *Der Rahmen dieser Bauernhaustür zeigt eine aufgemalte eichenfarbene Maserung. Die Füllungen sind in skandinavischem Barock und in einem chinesischen Stil gehalten. Der Maler war Hallvor Dalane (1864).*

Unten und unten rechts *Die Blumenmotive auf den Bettgestellen von Sønstebø stammen aus der nächsten Umgebung.*

Neben dem Vergolden gibt es noch eine Reihe weiterer spezialisierter Techniken zur Dekoration des Holzes mit Farben, Formen und Motiven. Früher wurden diese Künste oft von reisenden Handwerkern ausgeübt, die für Kost, Logis und geringen Lohn tätig waren. Sie verwendeten oft Motive aus der Volkskunst und brachten auch künstliche Maserungen und Marmorierungen an.

Das einfachste Verfahren zum Auftragen von Motiven geschah mit Schablonen, die aus Holz, Leder, Blättern, Ölpapier oder Azetatfolie bestanden. Vor der Einführung handbemalter Tapeten zum Ende des 17. Jahrhunderts verwendete man wiederholt Schablonenmuster in ganz Europa, um Wände und Wandbehänge zu verzieren. In vielen Stadthäusern des 19. Jahrhunderts gab es noch Friese und holzverkleidete Wände mit schablonierten, klassischen oder floralen Motiven. Doch schon vom 18. Jahrhundert an blieb dieses Verfahren weitgehend auf ländliche Gebiete beschränkt, wo es entweder keine Tapeten oder nur zu hohen Preisen gab. Dort waren Tapeten wegen der häufig im Haus herrschenden Feuchtigkeit auch gar nicht geeignet. Schablonenmalerei gab es vor allem auf Möbeln und Fußböden, wobei die Motive weitgehend dem ländlichen Umfeld entsprachen. Die häufigsten Themen waren Blumen, Tiere, Früchte und Blätter. Die Ähnlichkeit zwischen skandinavischen, mitteleuropäischen und nordamerikanischen Mustern erklärt sich durch die Tatsache, daß die meisten Künstler, die in Amerika arbeiteten, deutschen, niederländischen und schweizerischen, schwedischen oder norwegischen Ursprungs waren. Parallelen ergaben sich weiterhin dadurch, daß es im späten 19. Jahrhundert vorgeschnittene Mustersätze gab, so daß die Handwerker nicht mehr länger ihre eigenen Motive ausschneiden mußten.

Die Freiheit des künstlerischen Ausdrucks blieb bei den von Hand ausgeführten Malereien in den Häusern Europas, Skandinaviens und Nordamerikas uneingeschränkt erhalten. Die entsprechende Periode reicht vom Mittelalter bis in das 20. Jahrhundert. Auch diese Art der Malerei war überwiegend von ländlichen Motiven beeinflußt. Die reichsten Beispiele kennen wir von Möbeln aus Süddeutschland und den Alpen, aus Schweden und Norwegen. Die umfangreichsten Malereien dieser Art kann man in Skandinavien sehen, wo Wände aus runden Stäben oder aus Brettern oft mit historischen, religiösen und ländlichen Szenen bemalt wurden. In Norwegen entwickelte sich eine bestimmte Art der Volkskunst, die zwischen 1800 und 1850 ihren Höhepunkt erreichte. Auf norwegisch heißt sie Rosemaling, was

Oben *Blick in ein englisches Fachwerkhaus aus der Zeit um 1350 in Brookgate (mit späteren Hinzufügungen von 1500 und 1612). Die verputzten Gefache sind mit Kalkfarben bemalt.*

Gegenüberliegende Seite links außen *Das Schlafzimmer in diesem norwegischen Bauernhaus bemalte 1922 Knut Hovden. Zu jener Zeit erlebte diese Richtung der Volkskunst gerade eine Renaissance.*

Links und gegenüberliegende Seite rechts *Auch diese Malerei im selben Bauernhaus stammt von Knut Hovden, ist aber in einem eher traditionellen Stil gehalten. Er wirkt statischer und heller als in früheren Zeiten.*

__Rechts und rechts außen__ Das Erdgeschoß des Ramberg-Hauses im Bygdetunet Museum in Heddal stammt aus dem frühen 18. Jh. Ursprünglich waren die Möbel und die übrigen Schreinerarbeiten mit Rosemaling überzogen. In der zweiten Hälfte des 19. Jh. übermalte man aber dieses traditionell skandinavische Dekor mit einer künstlichen Maserung. Die hier gezeigte Form war um 1880 groß in Mode.

Mit einer Vielzahl von Farben und Lacken und verschiedenen dekorativen Techniken konnte man das Aussehen des Holzes stark verändern.

__Oben__ Der erste Stock des Ramberg-Hauses wurde 1780 hinzugefügt. Das Gästezimmer schmückte Olav Hansson 1784 mit biblischen Szenen, mit Inschriften und Rosemaling.

__Rechts__ Das Fyrileiv-Stugo-Haus in Oslo, Norwegen, wurde 1930 erbaut. Die traditionellen Malereien auf den Türen sind in einem stärker formalisierten barocken Stil gehalten als die des Ramberg-Hauses.

Oben *Zu den biblischen Szenen und Blumenmotiven im Schlafzimmer des Ramberg-Hauses, die in Blau, Gelb und Hellbraun gehalten sind, gehört auch eine Inschrift, die besagt, daß das Haus gegen Diebe und Feuer geschützt ist.*

dekorative Malerei und nicht nur „Rosenmalerei“ bedeutet, obwohl auch große Rosen und Blütengirlanden dargestellt wurden. Diese Malereien umfassen zahlreiche säkulare und religiöse Szenen, wobei sich die Stile von Tal zu Tal veränderten.

Schon die alten Ägypter entwickelten eine Form der Malerei, bei der die Maserung von Hölzern nachgeahmt wird. Später stellte man Möbel aus Weichholz her und ließ sie durch die Kunst des Bemalens wie teure Harthölzer aussehen. Diese künstliche Maserung war entweder hochraffiniert ausgeführt, so daß man Schwierigkeiten hat, das behandelte Holz von naturbelassenem zu unterscheiden, oder man trug nur eine grobe Maserung auf in Form einer stilisierten Theaterillusion. Dieses zuletzt genannte Verfahren findet man eher bei der Inneneinrichtung ländlicher Häuser, während das erste Verfahren in größeren Stadthäusern anzutreffen ist.

Schon die alten Griechen und Römer imitierten das Aussehen von Marmor und anderen Steinen mit Hilfe von Farben und Lasuren. Noch heute wird es in Gebieten eingesetzt, in denen die echten Materialien fehlen oder zu teuer sind. Realistische Marmorierungen auf Täfelungen, Säulen, Böden, Kaminen und Möbeln findet man in großen Häusern klassizistischer Prägung in den Städten sowie auf dem Land.

Natürliches Finish

Mit Beizen, Lacken, Ölen, Wachsen, Polituren und Pasten kann man die natürliche Farbe des Holzes verstärken oder verändern, ohne jedoch die Maserung damit zu maskieren. Chemische Beizen reagieren mit den Tanninen, die in Holz vorhanden sind, und bewirken subtile Farbveränderungen. Ammoniak beispielsweise führt zu einem mahagonifarbenen oder dunkelbraunen Ton mit einem Stich ins Graue. Beizen auf Wasserbasis, die mineralische Pigmente enthalten, ergeben lebhaftere Farben und werden am besten bei feinkörnigen Weichhölzern verwendet. Beizen auf Alkoholbasis enthalten Pigmente, die in Methylalkohol und Schellack gelöst sind. Sie erzeugen eine dunklere Tönung und eignen sich am besten für ölhaltige Harthölzer. Beizen auf Ölbasis, die auch Lackbenzin und höhere Kohlenwasserstoffe enthalten, bewirken die beständigste Tönung und kommen bei feinen Harthölzern zur Anwendung.

Um gebeiztes oder ungebeiztes Holz zu schützen und um ihm einen satteren Farbton zu verleihen, nimmt man heute matte, satinartige oder glänzende Polyurethanlacke. Die herkömmlichen Lacke auf Alkohol- und Ölbasis sind aber immer noch in Gebrauch. Bei Eichen- und Teakholz greift man gerne auf rohes oder erhitztes Leinöl zurück, das die Oberfläche nachdunkeln läßt und ihr einen zarten Schimmer verleiht. Eine Wachspolitur zieht man bei Möbeln aus feinporigen Hölzern vor, zum Beispiel bei Walnuß und Mahagoni. Traditionelle Polituren bestehen aus reinem Bienenwachs, Carnaubawachs, gelegentlich Pigmenten und Methylalkohol. Durch wiederholten Auftrag entsteht eine glänzende Patina.

Wenn man die Farben des Holzes brechen und ihm ein kreideähnliches weißlichgraues Aussehen verleihen will, so nimmt man Kalkpasten und -wachse, die das Holz gleichzeitig schützen.

***Rechts** Tür, Treppenhaus und der mit einer Kalkfarbe gestrichene Boden in einem Holzhaus aus den 80er Jahren im größten Kiefernwald des Staates New York, USA.*

Unten Die mit Holz verkleideten Wände und die aus waagrechten Brettern bestehenden Türen im kombinierten Schlaf- und Badezimmer eines restaurierten Bauernhauses in Megève, Frankreich, aus dem 19. Jh. wurden mit Kalkfarbe gestrichen und erhielten eine zusätzliche Klarlackschicht. Das Bauernhaus stand ursprünglich in der Region Grand-Bornand und wurde zum heutigen Standort überführt.

Unten, links und rechts Georges Boisson renovierte das Hotel Mont Blanc in Megève im Jahr 1949. Die Wände der komfortablen Schlafzimmer sind immer noch original holzverkleidet wie im 19. Jh. Die Türen lassen sich seitwärts verschieben und verschwinden in einer Versenkung in der Wand. Das natürliche Finish des Holzes erzeugt ein Gefühl von Wärme und verstärkt die attraktive Maserung.

Ganz oben Die wunderschöne gebeizte und gewachste Hartholztäfelung stammt aus dem 17. Jh. Das englische Fachwerkhaus, in dem sie sich befindet, ist aber noch ein Jahrhundert älter.

Oben Der Luftschlitz aus Teakholz dient der Heizung und Klimatisierung und paßt genau zum antiken Kiefernholzboden in dieser Scheune, die Stephen Mack restauriert hat.

Schnitzen und Drechseln

Viele Holzhäuser auf der ganzen Welt zeigen dekorative und elegante Schnitz- sowie Drechslerarbeiten. Beide Handwerkskünste sind zeitaufwendig und verlangen viel Geschick. Schnitz- und Drechslerarbeiten lassen immer Rückschlüsse auf den Status und den Reichtum des Auftraggebers zu. Außen wie innen wurden geometrische Muster, Flechtwerk, Arabesken, heraldische und klassische, stilisierte und naturalistische Motive angebracht.

Unten links Die dekorativen Laubsägearbeiten in Form von Herzen und Blumen und die Schnitzarbeiten an den Stirnseiten der Balken verraten viel Liebe für das Detail bei diesem „Schweizer Chalet", das 1950 in Sun Valley, Idaho, erbaut wurde.

Unten rechts Das Dekor dieses Chalets im alpinen Stil wird von gemalten Edelweißblüten verstärkt. Damit wird der schweizerische Charakter weiter betont.

Ganz unten rechts Das Dragon House in Smardon, Kent, England, ist ein traditionelles mittelalterliches Fachwerkhaus mit aufwendigem Drachenfries, der im 17. Jh. hinzugefügt wurde.

__Ganz oben, links und rechts__ Der Grüne Salon im Athelhampton House, Dorset, England, einem historisch bedeutsamen Haus aus dem 15. Jh. Das Zimmer wurde allerdings 1880 von Alfred Cart de Lafontaine gestaltet. Der Raum hat seinen Namen von den grünen Seidentapeten, die von korinthischen Eichenpilastern unterteilt werden. Ebenso hochwertig sind die Paneele mit Faltwerk im Tudor-Stil auf den Fensterläden.

__Oben links__ Das Silas Deane House, 1766 in Wethersfield, Connecticut, USA, erbaut, besitzt ein wundervoll gedrechseltes Treppengeländer aus Mahagoni.

__Oben rechts__ Eine georgianische Treppe mit teilweise gedrechseltem Treppengeländer in einem Haus aus dem 18. Jh. in Stonington, Connecticut, restauriert von Stephen Mack.

Adressen

Die genannten Adressen beziehen sich auf Holzhäuser und Inneneinrichtungen, die in diesem Buch abgebildet sind.

Organisationen

DAI Verband Deutscher Architekten- und Ingenieurvereine e.V.
Adenauerallee 58
53113 Bonn

Bund Deutscher Architekten BDA
Bundessekretariat
Ippendorfer Allee 14 b
53127 Bonn

Vereinigung Freischaffender Architekten Deutschlands e.V. VFA
Oxfordstraße 20-22
53111 Bonn

Bund Deutscher Innenarchitekten e.V. BDIA
Königswinterer Straße 709
53227 Bonn

Verband Deutscher Architekten e.V. VDA
Edelsbergstraße 8
80686 München

Arbeitsgemeinschaft für Bauwerkserneuerung und Bauwerkserhaltung
Thieboldsgasse 69
50676 Köln

Bundesarbeitskreis Altbauerneuerung e.V. BAKA
Konstantinstraße 20
53179 Bonn

British Decorators Association
32 Coton Road
Nuneaton
Warwickshire CV11 5TW
England

British Wood Preserving Association
Building No 6
The Office Village
4 Romford Road
London E15 4EA
England

Architekten, Innenarchitekten, Designer

Acanthus Associated Architectural Practices Ltd
Voysey House
Barley Mow Passage
London W4 4PN
England

Architype ***(Architekten)***
4–6 The Hop Exchange
24 Southwark Street
London SE1 1TY
England

Carnachan Architects Ltd
(Architekten, Innenarchitekten und Landschaftsarchitekten)
27 Bath Street
Parnell
PO Box 37-717
Auckland
Neuseeland

Conger Fuller Architekten
710 East Durant Street
Aspen
Colorado
CO 81611
USA

Cowper, Griffith & Brimblecombe
(Architekten)
The Barn
College Farm
Whittlesford
Cambridge CB2 4LX
England

Victor Farrer Partnership
(Architekten)
57 St Peter's Street
Bedford
Bedfordshire MK40 2PR
England

Dave Fritchley
(Bauholzhandel, rustikale Möbel)
Eggshole Cottage
Starvecrow Lane
Peasmarsh
East Sussex TN3 16XN
England

Roderick James and Co
(Architekten)
Seagull House
Dittisham Mill Creek
Dartmouth
Devon TQ6 0HZ
England

Kenström Design Pty Ltd
(Architekten)
92 Cathedral Street
Woolloomooloo
NSW 2011
Australien

Christian Liaigre
(Möbel- und Einrichtungsdesigner)
Bureau d'Études
122 rue de Grenelle
75007 Paris
Frankreich

Holly Lueders Design
(Bau, Inneneinrichtung, Möbel)
27 West 67 Street
New York
NY 10023
USA

Rob and Sarah McConnell
(Holzbau, Holzfarben)
8 Coastguard Cottages
Coastguard Square
Rye Harbour
East Sussex TN31 7TS
England

McCurdy & Co Ltd
(Architekten)
Manor Farm
Stanford Dingley
Reading
Berkshire RG7 6LS
England

Darryl Charles McMillen
(Architekten)
PO Box 1068
Sun Valley
Idaho
ID 83353
USA

Stephen P Mack Associates
(Architekturdesign, Handel mit Häusern und Scheunen des 18. Jh.)
Chase Hill Farm
Ashaway
Rhode Island
RI 02804
USA

John Mainwaring & Associates Pty Ltd
(Architekten, Stadtplaner)
PO Box 958
Noosa Heads
Queensland 4567
Australien

Jean-Jacques Massé
(Antiquitätenhandel)
Lange Strikstraat 14
5301 EE Zaltbommel
Niederlande

Moss Co Architekten
Brookgate
Plealey
Shrewsbury SY5 0UY
England

Michèle Rédélé
(Inneneinrichterin)
90 Boulevard Malegerbes
Paris 75008
Frankreich

Ruscitto, Latham, Blanton
(Architekten)
PO Box 419
Sun Valley
Idaho
ID 83353
USA

September
(Inneneinrichtung)
Vughterstraat 72
5211 GK's-Hertogenbosch
Niederlande

Shope, Reno, Wharton Associates
(Architekten)
18 West Putnam Avenue
Greenwich
Connecticut
CT 06830
USA

Sunnit Architects
10 Attunga Lane
Mount Glorious
Queensland 4520
Australien

Olivier Vidal and Associates
(Architekten)
14 rue Moncey
75009 Paris
Frankreich

Woods Bagot Pty Ltd Architects
64 Marine Parade
Southport
Queensland 4215
Australien

Baumaterialien

Architectural Heritage Ltd
Taddington Manor
Taddington
Nr Cheltenham
Gloustershire GL54 5RY
England

Carvers and Gilders
9 Charterhouse Works
Eltringham Street
London SW18 1TD
England

Crowther of Syon Lodge
Busch Corner
London Road
Isleworth
Middlesex TW7 5BH
England

The Great Northern Architectural Antiques Co Ltd
New Russia Hall
Chester Road
Tattenhall
Cheshire CH3 9AH
England

The House Hospital
68 Battersea High Street
London SW11 3HX
England

The London Architectural Salvage & Supply Co Ltd
St Michael's Church
Mark Street
London EC2A 4ER
England

Mounts Hill Woodcraft Ltd
Turnden Road
Cranbrook
Kent TN17 2QL
England

Stuart Interiors
Barrington Court
Barrington
Nr Ilminster
Somerset TA19 0NQ
England

Walcot Reclamation
108 Walcot Street
Bath
Avon BA1 5BG
England

Wansdown Joinery Works (Southern) Ltd
327 Lillie Road
London SW6 7NR
England

Farben, Kalkfarben, Lacke

Lawrence T Bridgeman
No 1 Church Road
Roberttown
West Yorkshire WF15 7LS
England

H J Chard and Son
Albert Road
Bristol BS2 0XS
England

Cole & Son Ltd
142–144 Offord Road
London N1 1NS
England

Farrow & Ball Ltd
33 Uddens Trading Estate
Wimborne
Dorset BH21 7NL
England

Fired Earth PLC
Twyford Mill
Oxford Road
Adderbury
Oxfordshire OX17 3HP
England

Heart of the Country Centre
Swinfen
Nr Litchfield
Staffordshire WS14 9QR
England

Historic Paints Ltd
Burr Tavern
Route 1, PO Box 474
East Meredith
New York
NY 13757
USA

Liberon Waxes Ltd
Mountfield Industrial Estate
Learoyd Road
New Romney
Kent TN28 8XU
England

Paint Library
5 Elystan Street
Chelsea Green
London SW3 3NT
England

Papers & Paints Ltd
4 Park Walk
London SW10 0AD
England

Potmolen Paints
27 Woodcock Industrial Estate
Warminster
Wiltshire BA12 9DX
England

Museen, Häuser und Hotels von Interesse

Athelhampton House
Athelhampton
Dorchester
Dorset DT2 7LG
England

Bellevue Homestead
Opposite Coominya Hotel
Coominya
Queensland 4311
Australien

The Buttolph Williams House
249 Broad Street
Wethersfield
Connecticut
CT 06109
USA

Glomdalsmuseet
Museum for Østerdalen and Solor
2400 Elverum
Norwegen

Heddal-og Nottodden Museum
Bygdetunet
Heddal
Norwegen

The Hempstead House
11 Hempstead Street
New London
Connecticut
CT 06320
USA

The Historical Museum of Telemark
Ovregt 41
3715 Skien
Norwegen

Hotel Mont-Blanc
Place de l'Église;
Les Fermes de Marie
Chemin de Riante Colline;
Les Fermes des Grands Champs
Choseaux
74120 Megève
Frankreich

Mayes Cottage
36 Mawarra Street
Kingston
Queenland 4114
Australien

Museum of Lakeland Life & Industry
Abbot Hall
Kendal
Cumbria LA9 6BT
England

Museum of Welsh Life
St Fagan's
Cardiff CF5 6XB
Wales

The Norwegian Folk Museum
Museumsvn 10 Bygdøy
Oslo
Norwegen

Roseland Cottage
204 Roseland Parkroad
Woodstock
Connecticut
CT 06281
USA

Ellen Terry Museum
Smallhythe Place
Smallhythe
Nr Tenterden
Kent TN30 7NG
England

The Webb-Deane-Stevens Museum
211 Main Street
Wethersfield
Connecticut
CT 06109
USA

Fachbegriffe

A

Adam-Stil: Ein klassizistischer Stil in der Architektur, der Inneneinrichtung und der Möbelkunst in der zweiten Hälfte des 18. Jahrhunderts. Ihren Namen hat diese Form des Klassizismus von den englischen Brüdern Robert (1728–1792) und James Adam (1732–1794).

Adobe: Luftgetrocknete Lehmziegel – im Gegensatz zu den im Ofen gebrannten Ziegeln. Adobes werden vor allem in trockeneren Teilen Nordamerikas als Baustoff verwendet.

Aesthetic Movement: Eine englische und amerikanische Bewegung des späten 19. Jahrhunderts, die als Reaktion auf den überladenen viktorianischen Stil in der Architektur und im Innendesign entstand. Das Aesthetic Movement ist ein Vorläufer des Jugendstils, zeigt starke japanische Einflüsse und überlappt sich mit der Arts-and-Crafts-Bewegung.

Akanthus: Ein sehr beliebtes Schmuckmotiv, erstmals bei der korinthischen Säule auftretend. Als Vorlage diente das Blatt einer weitverbreiteten Mittelmeerpflanze.

Arabeske: Ein aus dem islamischen Bereich stammendes Schmuckmotiv, bestehend aus rein geometrischen Formen und stilisierten Rankenwerk.

Architrav: Der waagrechte Balken, der den Oberbau trägt, auch Ober- oder Hauptbalken genannt. Architrave zeigen meist Profilleisten. Auch der Fenster- oder Türsturz wird oft Architrav genannt.

Art Nouveau: Französische und auch angelsächsische Bezeichnung für den Jugendstil. Im angelsächsischen Bereich hat er seine Wurzeln in der Arts-and-Crafts-Bewegung. Seine Hauptausbreitung hatte er allerdings ab den achtziger Jahren des vorigen Jahrhunderts bis 1914 auf dem europäischen Kontinent.

Arts-and-Crafts-Bewegung: Eine Bewegung in Großbritannien um 1860, die vor allem von William Morris (1834–1896) ausgelöst wurde. Sie übte auf beiden Seiten des Atlantiks bis in die Mitte der zwanziger Jahre großen Einfluß aus. Die Arts-and-Crafts-Bewegung entstand als Reaktion auf die schlechte Qualität vieler massenproduzierter Güter während der industriellen Revolution. Sie befürwortete eine Rückkehr zu traditionellen handwerklichen Methoden, um die Einheit von Architektur und Design wiederherzustellen.

B

Balken: Allgemein jedes tragende horizontale Bauelement, im engeren Sinn sind rechteckige Holzbalken gemeint, mit denen man Räume überdeckt.

Balloon Framing: Eine Art Rahmenbau, der um 1830 in Chicago entwickelt wurde und noch heute in den USA dominiert. Die waagrechten Balken und Bretter werden dabei auf die dicht stehenden senkrechten Pfeiler genagelt.

Balustrade: Ein Geländer an Treppen und Balkonen. Balustraden bestehen aus einzelnen Säulen, den Balustern oder Docken.

Barock: Ein Kunststil des 17. Jahrhunderts, der von Italien und besonders von Rom ausging. Der Barock liebt oft übersteigerte, kraftvoll bewegte Formen.

Beaux-Arts-Stil: Ein Ausläufer des Klassizismus im späten 19. Jahrhundert. Der Beaux-Arts-Stil beruht auf den Lehren der einflußreichen Ecole des Beaux Arts in Paris, die wiederum von der Architektur der römischen Antike beeinflußt war. Viele amerikanischen Studenten besuchten nach 1846 diese Schule. Deswegen übte der Beaux-Arts-Stil in der zweiten Hälfte des 19. Jahrhunderts einen großen Einfluß auf die amerikanische Architektur aus.

Blockbau: Eine ursprüngliche Art des Holzbaus, bei der die Wände aus waagrecht aufeinandergeschichteten Stämmen oder Balken besteht. Beim Stabbau hingegen bestehen die Wände aus senkrechten Bohlen.

Butzenscheibe: Runde, grünliche Glasscheibe, die in der Mitte eine Verdickung (Butzen) aufwies. Butzenscheiben wurden geblasen und in Bleiruten gefaßt.

C

Chippendale: Ein überwiegend angelsächsischer Möbelstil in der zweiten Hälfte des 18. Jahrhunderts. Er hat seinen Namen von Thomas Chippendale (1718–1779), der eine große Werkstatt besaß und vor allem durch ein Vorlagenwerk (1754) den Stil seiner Zeit stark beeinflußte. Der Chippendale-Stil lebte gegen Ende des vorigen Jahrhunderts neu auf.

Colonial Revival: Ein amerikanischer Architekturstil des späten 19. und frühen 20. Jahrhunderts, oft auch als neugeorgianisch bezeichnet. Colonial Revival bedeutet eigentlich Renaissance des Kolonialstils. Man versteht darunter jedoch auch lockere Neuinterpretationen klassizistischer Gebäude, etwa unter der Bezeichnung Queen Anne Revival, Stick Style und Shingle Style (von rund 1880 bis Ende des Jahrhunderts).

Colonial Style: Kolonialstil, zusammenfassende Bezeichnung für die Architekturstile in den nordamerikanischen Kolonien des 17. und 18. Jahrhunderts. Im 17. Jahrhundert dominierte in der amerikanischen Architektur ein spätmittelalterlicher Stil, während im 18. Jahrhundert ein georgianischer Klassizismus vorherrschte.

Craftsman Movement: Eine Bewegung in der Architektur und im Design, die in den ersten zwei Jahrzehnten des 20. Jahrhunderts in den USA aus der Arts-and-Crafts-Bewegung entstanden ist. Die treibende Kraft dahinter war Gustav Stickley (1847–1942), der vor allem in seiner Veröffentlichung „The Craftsman" (1901–1916) eine ganzheitliche Sicht des Lebens vertrat. Er faßte dabei das Haus als harmonische Einheit auf. Das Craftsman Movement findet ihren schönsten Ausdruck in den geräumigen kalifornischen Häusern von Charles Sumner

Skelettbau

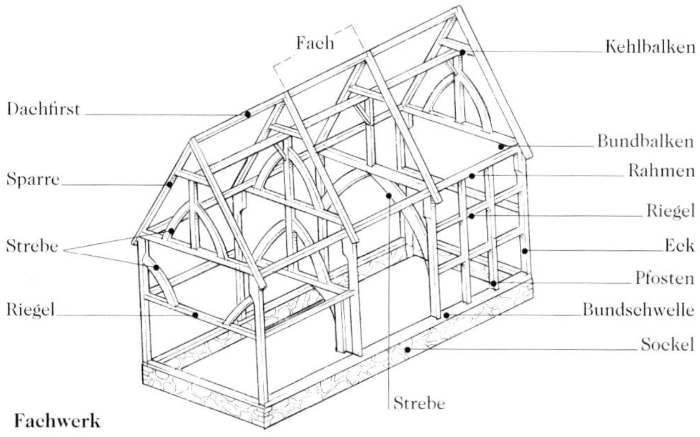

Fachwerk

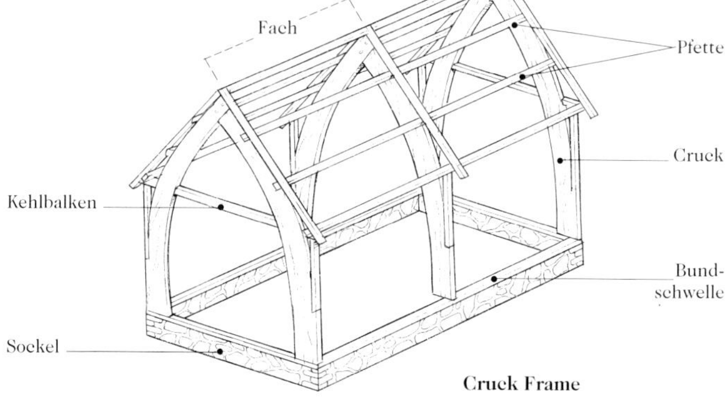

Cruck Frame

Greene (1868–1957) und seines Bruders Henry (1870–1954). Sie kombinierten wundervolle Hölzer mit Schreiner- und Zimmerhandwerk höchster Qualität.

Cruck Framing (siehe Abbildung): Ein englisches Verfahren des Fachwerkbaus, bei dem mindestens zwei Paar Crucks, entsprechend krumm gewachsene Stämme, verwendet werden. Sie bilden die tragenden Elemente für die Wände und das Dach.

D

Dachkonstruktion (siehe Abbildung): Auch in Steinhäusern sind die meisten Dachkonstruktionen aus Holz. Je nachdem, ob die Sparren oder die Pfetten das tragende Gerüst bilden, spricht man von einem Sparren- oder Pfettendach.

Dado: Angelsächsische Bezeichnung für eine Holzverkleidung an der Wand, die bis in Bauch- oder Schulterhöhe reicht. Eine entsprechende Täfelung war bei uns früher in Gasthäusern häufig.

Dorisch: Die älteste und einfachste der griechischen Säulenordnungen. Die dorische Säule hat keine Basis, einen nach oben verjüngten Schaft und ein einfaches, flaches Kapitell.

Drachenstil: Ein Architekturstil, der im vorigen Jahrhundert in Schweden, Dänemark und Norwegen beliebt war und auch Wikingerstil hieß. Die Häuser waren eine Mischung aus Block- und Fachwerkbau und zeigten als Schmuck Drachenköpfe, Seefahrermotive und Gitterwerk. Im Drachenstil kam der Stolz auf die Wikingerkultur zum Ausdruck.

E

Eastlake Style: Eine Stilrichtung in der Architektur, besonders im Innendesign und in der Gestaltung von Möbeln. Er berief sich auf die Schriften von Charles Locke Eastlake (1833–1906), vor allem auf „Hints on Household Taste in Furniture, Upholstery and other Details". Der Eastlake-Stil stellte eine Verbindung zwischen dem Gothic Revival und dem frühen Arts and Crafts Movement her. Der Stil lehnte die Extravaganzen des Rokokos ab und bejahte statt dessen das jakobäische, mittelalterlich deutsche und frühenglische Design. Zu den Eigenheiten des Eastlake Style zählten Details wie gedrechselte Balustradenabschlüsse, geometrische Ornamente auf Leisten und Pilastern.

Empire: Ein klassizistisch geprägter französischer Inneneinrichtungs- und Möbelstil des frühen 19. Jahrhunderts, besonders zur Zeit Kaiser Napoleons I. Typisch war die Verwendung zahlreicher klassischer und ägyptischer Motive. In Nordamerika überwog das Empire in der Zeit von ungefähr 1810–1930.

Etruscan Style: Ein Möbel- und Inneneinrichtungsstil, der sich von der etruskischen Kunst und dem entsprechenden Handwerk inspirieren ließ. Typisch für den amerikanischen Etruscan Style ist die Verwendung der Farben Rot, Schwarz und Weiß. Als Motive waren Löwen, Vögel, Sphinxe, Harpyien und Greife beliebt.

F

Fachwerk: Eine Skelettbauweise, bei der das tragende Gerüst aus hölzernen Pfosten, Balken und Streben besteht. Die Zwischenräume heißen Gefache und werden mit anderem Material ausgefüllt, zum Beispiel mit Lehm, mit Ziegelsteinen oder mit verputztem Flechtwerk.

Federal Style: Bezeichnung für den dominierenden Stil in der Architektur und der Inneneinrichtung in Nordamerika zwischen 1776 (Erklärung der Unabhängigkeit) und ungefähr 1830. Der Federal Style beruht auf dem englischen Adam-Stil. Besondere Merkmale sind Bogenfenster, Lünetten und eine mit Girlanden, Rosetten, Urnen und Blattwerk sowie mit dem amerikanischen Wappenvogel, dem Adler, reich dekorierte Inneneinrichtung.

Fugendichtung: Bei Blockbauten aus horizontalen Rundstämmen oder Balken ist eine Fugendichtung unumgänglich. Zu Beginn verwendete man eine Mischung aus Stroh bzw. Nadelholzzweigen und Lehm. Im 19. Jahrhundert verwendete man ein mörtelähnliches Material. Heutzutage setzt man gummi- oder latexartige Kunststoffe ein, die sehr viel leichter aufzutragen sind, sich den Bewegungen des Holzes anpassen und sehr gut isolieren.

Füllung: Vor allem bei Türen eine oder mehrere zentrale Flächen, die aus dünnerem Holz bestehen und die von einem festeren Rahmen umgeben sind.

Furnier: Dünne Blätter aus Edelhölzern, die man über weniger wertvolles Holz klebt. Gesägte Furniere gab es schon bei den alten Ägyptern. Heutige Furniere werden geschnitten, weil durch das Sägen zu viel Abfall entstünde und weil das Verfahren zu teuer wäre. Es gibt zwei Verfahren zur Furnierherstellung: Das Messerfurnier gewinnt man mit einem sehr großen Hobel. Die einzelnen Blätter sind höchstens so breit wie der Stamm. Das Schälfurnier hingegen wird tangential geschnitten und ist endlos, zeigt aber kein so schönes Muster wie das Messerfunier.

G

Gefach: Zwischenraum beim Fachwerk, der mit Lehm, Ziegelsteinen oder verputztem Flechtwerk ausgefüllt wird.

Georgianisch: Englischer Architektur- und Inneneinrichtungsstil während der Regierungszeit von George I. (1714–1727), George II. (1727–1760) und George III. (1760–1820). Es handelt sich um einen klassizistischen Stil. Ab 1830 wurde dieser Stil (englisch Georgian) mit Elementen aus dem Rokoko und der Gotik sowie mit Chinoiserien angereichert. Danach wurde ein Neoklassizismus Mode, der Adam-Stil in England und der Federal Style in Amerika mit Elementen aus früheren Stilepochen.

Giebel: Abschlußform eines Satteldaches oder eines Fensters.

Gothic Revival: Angelsächsische Bezeichnung für eine Renaissance gotischer Architektur und gotischer Schmuckelemente im späten 18. und 19. Jahrhundert.

Gotik: Der vorherrschende Kunststil im Spätmittelalter, gekennzeichnet durch Spitzbögen, Rippengewölbe, hohe Räume mit Seitenstreben, Maßwerk und Fialen.

Groteske: Ornamente aus ineinander verschlungenen pflanzlichen, tierischen und menschlichen Formen sowie aus Fabelwesen.

H

Hartholz: Sehr schweres, wegen seiner engen Gefäße festes Holz, zum Beispiel Eiche oder Buchsbaum. Man spricht in diesem Zusammenhang auch von Edelhölzern.

Enden der Blockhölzer

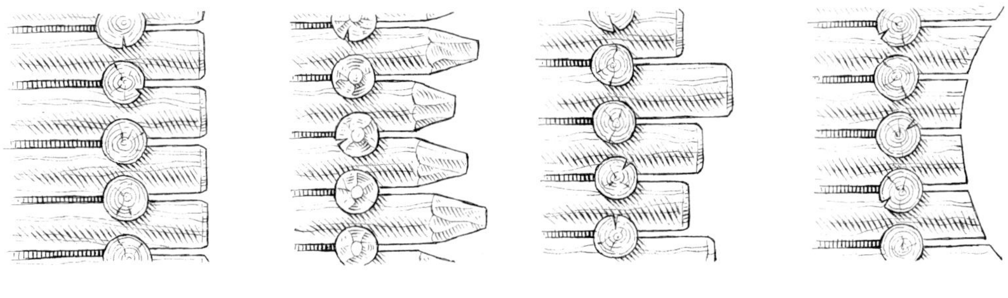

gerade abgeschnitten — zugespitzt — versetzt — bogenförmig

I

Ionisch: Eine griechische Säulenordnung. Die ionische Säule steht auf einer deutlichen Basis, verjüngt sich nach oben und trägt ein Kapitell mit vier schneckenförmigen Voluten.

Intarsien: Einlegearbeit mit verschiedenfarbigen Hölzern. Auch Einlegearbeiten mit Perlmutt und Elfenbein werden Intarsien genannt.

Italianisierend: In der Mitte des 19. Jahrhunderts breitete sich in England und Nordamerika ein Architekturstil aus, der auf der ländlichen Architektur Norditaliens und der italienischen Renaissancepaläste basierte. Die Angelsachsen bezeichnen diesen Stil als „Italianate". Kennzeichen sind niedrige Dächer, weit vorkragende Traufen mit dekorativen Streben, Eingangstürme, Bogenfenster, vorspringende Ecken, überdachte Veranden und Balkone mit Balustraden.

J

Jacobean: Angelsächsische Bezeichnung für den kunsthistorischen Abschnitt, der die Herrschaft von James I. (Jakob I.) und Charles I. von England (1603–1649) umfaßt. Auf deutsch spricht man auch vom jakobäischen Stil. Die Architektur ging vom spätem Tudor aus. Doch dann entwickelten die Künstler nach dem Vorbild der Renaissance ein klassischeres, symmetrisches Design. Charakteristische Merkmale sind Flechtwerk, Obelisken, Balustraden und Nischen. Die Möbel waren aus Holz und oft reichlich beschnitzt; dabei liebte man heraldische und militärische Motive sowie Embleme.

K

Kapitell: Kopfstück einer Säule oder eines Pfeilers. Die griechischen Säulenordnungen kann man vor allem anhand der Kapitellformen unterscheiden.

Kassettendecke: Meist eine Holzdecke mit vertieften oder erhöhten Feldern. Kassettendecken sind oft sehr aufwendig geschmückt mit Zierleisten, Rosetten, Ornamenten, sogar mit Malereien und Reliefs.

Klassizismus: Allgemeine Bezeichnung für einen Kunststil, der sich die Antike zum Vorbild nimmt. Dies geschah im Lauf der Geschichte mehrere Male. Der Klassizismus im eigentlichen Sinne ist die europäische Baukunst im 17. Jahrhundert, in Oberitalien auch schon seit der Mitte des 16. Jahrhunderts.

Knagge: Ein kleines, dreieckiges Holzstück, das beim Fachwerkbau zwischen Ständer und Balkenkopf eingefügt wird.

Korinthisch: Eine der griechischen Säulenordnungen. Man erkennt eine korinthische Säule vor allem an ihrem hohen Kapitell mit Akanthusschmuck.

M

Mission Style: Ein funktionell geprägter, amerikanischer Einrichtungs- und Möbelstil des späten 19. und frühen 20. Jahrhunderts. Das Dekor beschränkt sich zur Hauptsache auf die Betonung konstruktiver Elemente, etwa von Holzverbindungen, Dübeln oder Nut und Feder. Der Stil entwickelte sich aus verschiedenen Quellen, vor allem aus der Shaker-Gemeinschaft in Nordamerika und der englischen Arts-and-Crafts-Bewegung. Führende Exponenten waren unter anderem Gustav Stickley, Frank Lloyd Wright (1869–1959) und Charles sowie Henry Greene.

Modernismus: Ein Architekturstil von 1920 bis zur Mitte der sechziger Jahre. Typisch für den Modernismus waren asymmetrische Kompositionen, kubische Formen, Stahl und Glas, breite Bänder waagrechter Fenster und eine flexible Anordnung des Innenraumes. Friese, Leisten und andere Schmuckelemente kommen bei diesem Stil generell nicht vor.

N

Neuklassizismus: Eine Wiederaufnahme des klassizistischen Stils in der Zeit von ungefähr 1770 bis 1830. Er war gekennzeichnet durch eine erneute Ausrichtung auf die Antike. Neuklassizistisch ist in England vor allem der Adam-Stil und in den USA der Federal Style.

Nut und Feder: Ein Verfahren zur Verbindung zweier Hölzer. Ein vorspringendes Stück (Feder) greift dabei in eine Vertiefung des anderen Holzstücks (Nut). Für Holzverbindungen dieser Art gibt es noch zahlreiche weitere Begriffe, zum Beispiel Zinke oder Schwalbenschwanz.

P

Painted Lady: Ein amerikanischer Begriff für viktorianische Häuser des 19. Jahrhunderts, die außen in drei oder mehr kontrastierenden Farben bemalt wurden. Die Wohnhäuser, die zur Kategorie der Painted Ladies zählen, können verschiedenen Architekturstilen angehören, zum Beispiel dem italianisierenden Stil (Italianate), dem Stick Style, dem American Queen Anne oder dem Colonial Revival.

Paneel: Allgemeine Bezeichnung für eine meist vertieft liegende Holztafel, auch Füllung genannt. Auch die Täfelung wird oft allgemein als Paneel bezeichnet.

Parkett: Hölzerner Fußboden, der aus kleineren, meist rechteckigen Holzstücken besteht. Früher war das Parkett oft gemustert.

Pfette: Ein parallel zum First verlaufendes Holz der Dachkonstruktion.

Pfosten: Senkrechte Holzstütze beim Fachwerk, oft auch Ständer oder Säule genannt.

Pompejanischer Stil, Pompeiian Style: Ein angelsächsischer Ornamentikstil des 18. und 19. Jahrhunderts. Als Inspiration für diesen Stil dienten die Ausgrabungsfunde der Stadt Pompeji seit dem Jahr 1755.

Postmoderne: Eine Bewegung in der zeitgenössischen Architektur und im Design, die in der Mitte der sechziger Jahre ihren Anfang nahm. Der Postmodernismus entstand als Reaktion auf die simplen, schmucklosen Formen des Modernismus und richtete sein Augenmerk wieder auf traditionelles und klassisches Dekor.

Pueblo: Indianersiedlung im Südwesten der Vereinigten Staaten. Die Pueblo-Indianer lebten in Flachdachhäusern mit Wänden aus Adobe und Stein.

Q

Queen Anne Revival: Angelsächsische Bezeichnung für eine Renaissance des Queen-Anne-Stils (1. Hälfte des 18. Jh.) als Reaktion auf das Gothic Revival und den strikten Neuklassizismus des frühen 19. Jahrhunderts.

Queenslander: Ein besonderer Stil des Holzhausbaus, der in ganz Queensland, Australien, verbreitet ist. Das Haus steht erhöht auf Ständern oder Pfosten, ist außen und innen mit Holz verkleidet, trägt ein Metalldach und weist eine geräumige Veranda auf mit einer (durchbrochenen) Balustrade.

Profile der Hölzer von Blockbauten

A **Auf der Innen- und Außenseite abgeflacht**

B **Rundhölzer mit Fugendichtung**

C **Rundhölzer mit Einkehlungen auf der Unterseite**

D **Oben und unten abgeflacht, Seiten gerundet**

E **Auf drei Seiten abgeflacht, außen rund**

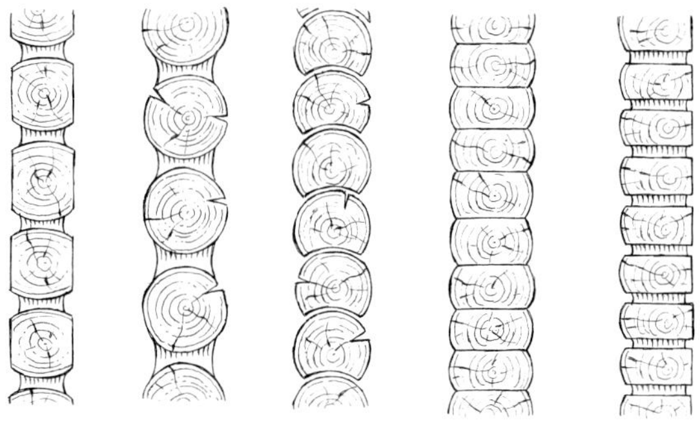

A B C D E

R

Rähm: Waagrechtes Holz in einer Fachwerkwand, das über den Ständern liegt. Unter den Ständern steht die Schwelle.

Rahmenbau: Eine besondere Form des Holzskelettbaus. Vom klassischen Fachwerkbau unterscheidet er sich beispielsweise dadurch, daß die senkrechten Pfosten oder Ständer sehr viel zahlreicher sind und gleichzeitig einen geringeren Querschnitt aufweisen. Der europäische Rahmenbau entwickelte sich aus dem amerikanischen Verfahren des Balloon Framing.

Reetdach: Eine Dachdeckung aus einer dicken Schilfschicht.

Regency: Ein englischer Architektur-, Inneneinrichtungs- und Möbelstil in der Zeit von 1810 bis rund 1835. Man kann ihn als klassizistisch bezeichnen. Der Name stammt von der Regentschaft König Georgs IV. Man kann auch englisches Empire sagen – keinesfalls aber Régence, denn bei diesem französischen Stil handelt es sich um den Übergang von Barock zum Rokoko.

Renaissance: Die Renaissance ist der erste Kunststil der Neuzeit. Es ging vor allem um die Überwindung des Mittelalters und die Wiedergeburt (französisch Renaissance) der antiken Kultur. Die Heimat der Renaissance ist Italien. Sie begann dort schon vor der Mitte des 15. Jahrhunderts und ging um 1530 zu Ende.

Richardsonian-Romanesque Style: Ein neuromanischer Architekturstil, der im späten 19. Jahrhundert in den USA in Mode war. Sein Begründer war Henry Hobson Richardson (1838–1886), der in den frühen sechziger Jahren an der Ecole des Beaux Arts in Paris studiert hatte.

Riegel: Eine Querverbindung beim Fachwerkbau über und unter den Fensteröffnungen. Die Schweizer nennen den Fachwerkbau meist nur Riegelbau.

Rosette: Ein rosenförmiges Motiv, zum Beispiel an Kassettendecken oder als großen Fensterrosetten an der Fassade gotischer Kathedralen.

S

Santa-Fe-Stil Bezeichnung für einen Architekturstil, der vor allem in den südwestlichen Vereinigten Staaten verbreitet ist. Typisch für diesen Stil sind Wände aus Adobe, Decken mit hervortretenden Holzbalken, geschnitzte Holztüren und Kamine. Der Santa-Fe-Stil geht aus einer eklektischen Mischung indianischer (Pueblo, Navajo, Hopi, Zuni), spanischer und amerikanischer Kolonialstilelemente hervor.

Schindel: Durch Spalten gewonnenes flaches Holzstück. Mit Schindeln deckt man Dächer oder verkleidet Außenfronten.

Schwelle: Das untere Querholz beim Fachwerkbau. Das obere Querholz heißt Rähm.

Shaker-Stil: Ein Bau-, Design- und Dekorstil der nordamerikanischen Shaker. Möbel und andere Tischlerarbeiten zeigen sehr zweckmäßige, oft elegante Formen, sind solide verarbeitet und zeigen hohes handwerkliches Können.

Shingle Style: Bezeichnung für einen nordamerikanischen Architekturstil des späten 19. Jahrhunderts. Er kombinierte die hölzerne Verkleidung mit Schindeln und die Dachformen der Häuser in New England aus dem 17. und frühen 18. Jahrhundert mit Elementen des Queen-Anne-Stils, etwa Dach- und Erkerfenstern.

Skandinavischer Stil: Begriff für die verschiedenen Architektur- und Designstile Schwedens, Norwegens, Dänemarks und Finnlands.

Skelettbauweise: Beim Skelett- oder Gerippebau übernehmen bestimmte Glieder die tragenden Funktionen. Die Funktion des Raumabschlusses wird von nichttragenden Teilen erfüllt. Als Material eignet sich Holz (Fachwerk), Stahl und Beton. Das Gegenteil vom Skelettbau ist der Massivbau.

Spanish Colonial Revival: Eine Renaissance des spanischen Kolonialstils im späten 19. und frühen 20. Jahrhundert. Dieser Kolonialstil gelangte im späten 16. Jahrhundert durch die spanischen Siedler in die südlichen und westlichen Regionen der heutigen USA. Dieses Revival zeigt auch Merkmale der Pueblos, der Häuser am spanischen Mittelmeer, der maurischen Architektur sowie des italienischen Barocks auf.

Sparre: Schräg ansteigendes Holz einer Dachkonstruktion, das senkrecht zum First steht.

Ständer: Allgemeine Bezeichnung für ein senkrechtes Holz beim Fachwerkbau, auch Säule oder Pfosten genannt.

Stick Style: Ein populärer Typus von Fachwerkhäusern, die im späten 19. Jahrhundert in den USA errichtet wurden. Der Stick Style leitet sich teilweise vom Balloon Framing ab, fußt aber noch auf anderen volkstümlichen Stilen, etwa dem des schweizerischen Chalets. Charakteristisch für den Stick Style sind geräumige Veranden rund ums Haus.

T

Tudor: Englische Bezeichnung für den Kunststil von 1485 bis 1603. In dieser Zeit fand der Übergang von der Spätgotik zur Renaissance statt.

Tudor Revival, Tudorbethan: Ein Architekturstil des 19. und 20. Jahrhunderts, der besonders auf ornamentale Elemente des Tudor-Stils zurückgriff, zum Beispiel auf den Fachwerkbau und das Faltwerk bei der Täfelung. Viele Häuser in diesem Stil wiesen auch elisabethanische und jakobäische Elemente auf und werden auch als „Tudorbethan" bezeichnet.

V

Veranda: Eine überdachte, seitlich und nach vorn jedoch offene Galerie, oft mit Balustraden oder Gitterwerk als Abschluß.

Verspundet: Bezeichnung für Bretter, die an der Stirnseite über Nut und Feder miteinander verbunden sind.

W

Wainscoting: Angelsächsische Bezeichnung für eine einfache Form der Holzverkleidung im Innenraum, entweder in voller Höhe oder nur ungefähr bis Brusthöhe.

Weatherboard: Angelsächsische Bezeichnung für eine Holzverkleidung an der Außenfassade in Form dachziegelartig übereinanderliegender Bretter, die auch Clapboards heißen.

Weichholz: Allgemeine Bezeichnung für grobporige Hölzer, die verhältnismäßig schnell wachsen, zum Beispiel Fichte.

Z

Zinke: Mit Zinken erreicht man die stabilste Eckverbindung zweier Bretter.

Dachkonstruktionen

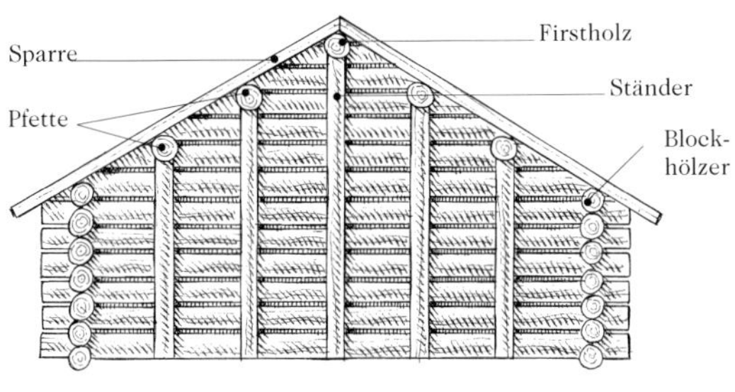

Pfettendach

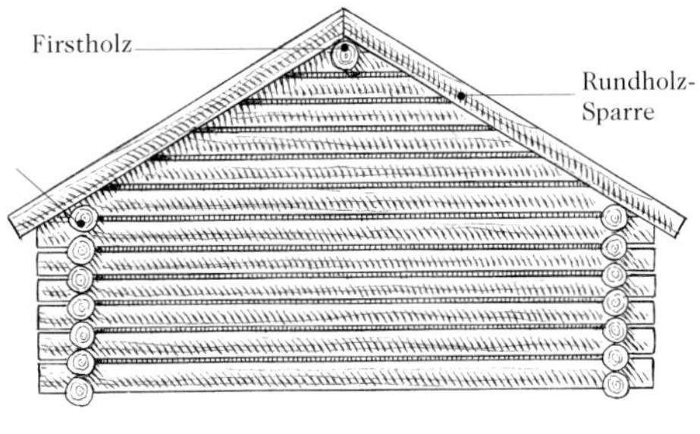

Sparrendach

Register

Dank

Autorin und Verlag danken allen, die an der Vorbereitung und Veröffentlichung dieses Buches beteiligt waren.

Rodney Archer
Donna Baron
Jonathan und Pauline Barres
Marina und Bill Beadleston
Peter Beale
Dr. Tom und Mrs. Pat Bell
Don und Anne Cameron
Frank und Suz Cameron
Cathy Capri
Simon und Robyn Carnachan
Jim und Hilda Chapman
Patrick Cooke
Carolyn Davies
Ischa van Delft
Sherri Donghia und Robert Eulau
Priscilla Endicott
Dave Fritchley
Kevin und Sue Godley
Olav Golid
Jolieu und Petrea Grant
Isak I Grave
Annie Har und William Hayes
Sue und Dick Hare
Happy Hawn
Astrid Poulsson Hesledalen
Hallgrim Høydal
Jon Geir und Inger Høyersten
Angela Kent
Richard Lewis und Donna Allen
Christian Liaigre
Holly Lueders und Richard Spizzirri
Rob und Sarah McConnell
Stephen P Mack
John Mainwaring
Alf und Wendy Martensson
Graham Moss
Bergit Myrjord
Gerallt D Nash
Chris Ohrstrom
Marilyn Phipps
Alan und Marion Powell
Mark Pynn
Michèle Rédélé
Anna und Halvor Rekaa
Margaret Rogers
Jim Ruscitto
Allan Shope
Jocelyne und Jean Louis Sibuet
Philip und Barbara Silver
Jørgen H Sønstebø
Tone Stivi
Kare Sveen
Tony Suttle
Olivier Vidal

Bildnachweis

Es wurden die folgenden Abkürzungen verwendet:

l= links   M= Mitte   o= oben
r= rechts   u= unten

Athelhampton House
Athelhampton
Dorchester
Dorset DT2 7LG
England
S. 11ur, 91, 92–93, 144r, 169r, 183ol und or

The Buttolph Williams House
249 Broad Street
Wethersfield
Connecticut
CT 06109
USA
S. 47, 140ol, 148or

Glomdalsmuseet
Museum for Østerdalen and Solor
2400 Elverum
Norwegen
S. 23ur, 24–25, 100–101, 159or

Heddal-og Nottodden Museum
Bygdetunet
Heddal
Norwegen
S. 168l, 178–179

The Hempstead House
11 Hempstead Street
New London
Connecticut
CT 06320
USA
S. 46ul und ur, 148ol

Hotel Mont-Blanc
Place de l'Église;
Les Fermes de Marie
Chemin de Riante Colline;
Les Fermes des Grands Champs
Choseaux
74120 Megève
Frankreich
S. 20or, 21or, 22, 72–73, 103ul und ur, 161M, ul und ur, 181ul und ur

Museum of Welsh Life
St Fagan's
Cardiff CF5 6XB
Wales
S. 32–33, 34u, 35u, 66r, 130

The National Trust Queensland
Old Government House
George Street
Brisbane 4000
Queensland
Australien
Bellevue Homestead,
Coominya: *S. 1, 103ol und or, 114o, 115, 168r, 170or, 171uM*
Mayes Cottage, Logan (Logan City Council): *S. 170ol*

Roseland Cottage
204 Roseland Parkroad
Woodstock
Connecticut
CT 06281
USA
S. 52ur

Ellen Terry Museum
Smallhythe Place
Smallhythe
Nr Tenterden
Kent TN30 7NG
England
S. 35o

The Webb-Deane-Stevens Museum
211 Main Street
Wethersfield
Connecticut
CT 06109
USA
S. 2, 46ol und or, 49o und ur, 94o und ur, 95o, 131u, 140ul und ur, 147ul, 149ol und ul, 154l, or und ur, 155u, 162ol, 163or und ur, 172l und M, 183ul

Wir danken den folgenden Architekten, Inneneinrichtern und Baufirmen, deren Häuser und Arbeiten wir fotografieren durften:

Simon Carnachan
Carnachan Architects Ltd
(Architekten, Inneneinrichter und Landschaftsarchitekten)
27 Bath Street
Parnell
PO Box 37-717
Auckland
Neuseeland
S. 3, 62ul–r, 124–125

Conger Fuller Architects
710 East Durant Street
Aspen
Colorado
CO 81611
USA
S. 8–9, 18, 67r, 89, 138ol und oM, 153or

Ischa van Delft
(Inneneinrichter)
September
Vughterstraat 72
5211 GK's-Hertogenbosch
Niederlande
S. 114ul–r, 133ul, 137r, 144ol, 154M, 162r

Annie Har
Summit Architects
10 Attunga Lane
Mount Glorious
Queensland 4520
Australien
S. 102r

Angela Kent
(Architektin)
Kenström Design Pty Ltd
92 Cathedral Street
Woolloomooloo
NSW 2011
Australiem
S. 13ur, 14–15, 122–123, 137u

Christian Liaigre
(Möbel- und Einrichtungsdesigner)
Bureau d'Études
122 rue de Grenelle
75007 Paris
Frankreich
S. 116, 117o, 133r, 134ur, 141ur, 145ur, 156ur, 157or, 159ur, 161or und Mr

Holly Lueders Design
(Bau, Inneneinrichtung, Möbel)
27 West 67 Street
New York, NY 10023
USA
S. 7, 11or, 17r, 28–29, 78–81, 129l, 138r, 158or und ur, 159l, 161l, 164r, 165M

Rob and Sarah McConnell
(Holzbau, Holzfarben)
8 Coastguard Cottages
Coastguard Square
Rye Harbour
East Sussex TN31 7TS
England
Zusammenarbeit mit
Dave Fritchley
(Bauholzhandel, rustikale Möbel)
Eggshole Cottage
Starveerow Lane
Peasmarsh
East Sussex TN3 16XN
England
S. 11ul, 30–31, 106–107

Stephen P Mack
(Architekturdesigner und Experte für die Restaurierung und Rekonstruktion von Häusern des 17. und 18. Jahrhunderts)
Stephen P Mack Associates
Chase Hill Farm
Ashaway
Rhode Island
RI 02804
USA
Haus von Stephen P Mack: S. 48o und ur, 49ul, 136, 140or, 142or, 143ur, 147ol und or, 148u, 156o und uM, 169l, 171or, 174ul und uM
Arbeiten von Stephen P Mack: S. 16r–17l, 50–51, 90, 94ul, 131ol, 142ul–r, 144ul, 146o und ur, 147ur, 172or, 174ol und or, 181ur, 183ur

John Mainwaring & Associates Pty Ltd
(Architekten und Stadtplaner)
PO Box 958
Noosa Heads
Queensland 4567
Australien
S. 62o, 63, 129r, 152ul–r, 153l und ur, 171ul

Graham Moss
(Konservierung alter Gebäude)
Moss Co Architects
Brookgate
Plealey
Shrewsbury SY5 0UY
England
S. 38or und ur, 40, 74–75, 102l, 142ol und oM, 143or, 177o, 181or

Chris Ohrstrom
Historic Paints Ltd
Burr Tavern
Route 1, PO Box 474
East Meredith
New York
NY 13757
USA
S. 42–43, 95u, 134l, 141ul, 143l, 145ul, 146ul, 149or, 156l, 157ur, 162ul, 163l, 170ul und uM, 173u, 174ur

Mark Pynn
(Architekt)
Darryl Charles McMillen
Box 1068
Sun Valley
Idaho
ID 83353
USA
S. 58–59, 132, 133ol, 140oM, 160ul

Michèle Rédélé
(Inneneinrichterin)
90 Boulevard Malegerbes
Paris 75008
Frankreich
S. 21ol, 68–71, 131r, 160r, 181ol

Jim Ruscitto
(Architekt)
Ruscitto, Latham, Blanton
PO Box 419
Sun Valley
Idaho
ID 83353
USA
S. 13or, 26–27, 82–88, 126–127, 128l, 152o, 158l, oM und uM, 165ul und ur

Allan Shope
(Architekt)
Shope, Reno, Wharton Associates
18 West Putnam Avenue
Greenwich
Connecticut
CT 06830
USA
S. 66l, 108–109, 128r, 138ul und uM

Tony Suttle
Woods Bagot Pty Ltd Architects
64 Marine Parade
Southport
Queensland 4215
Australien
S. 61, 119, 170ur

Olivier Vidal and Associates
(Architekten)
14 rue Moncey
75009 Paris
Frankreich
S. 11ol, 120–121, 141ol–r

Die Autorin dankt Zia Mattocks, Paul Tilby, Sian Parkhouse, Cathy Ebbels und Nadine Bazar für ihre unschätzbare Hilfe und ihren Enthusiasmus.